守望者
The Catcher

阅读 你的生活

改变我们的道路

大疫后的人类及其世界

CHANGEONS DE VOIE

les leçons du coronavirus

[法] 埃德加·莫兰（Edgar Morin） 著
[摩洛哥] 萨巴·阿布萨拉曼（Sabah Abouessalam）

朱晔 译

中国人民大学出版社
·北京·

本书系中国翻译协会——傅雷青年翻译人才发展计划项目（第四期）最终成果

鸣谢：中国翻译协会、上海市浦东新区文化体育和旅游局、上海市浦东新区周浦镇人民政府、上海浦东傅雷文化发展专项基金、《中国翻译》杂志、上海傅雷图书馆谨以此书献给所有舍生忘死挽救我们生命的人。

祝愿柳芭和瑞达在新世界找到自己的**道路**。

序言：百年变迁

西班牙流感

我是西班牙流感（H1N1 流感）的一名受害者，并且险些死于这场疫情。事实上，我生下来就没有呼吸，是产科医生倒提着我的脚，连续拍打了 30 分钟，我才活了过来。

说真的，我其实只是这场疫情的间接受害者。有一位姑娘名叫卢娜·贝尔希（Luna Beressi），她后来成了我的母亲。我想她是在 1918 年心脏受损的。医生禁止她婚后生育，因为怀孕对她而言将是致命的。但她对丈夫维达尔（Vidal）隐瞒了这一情况。当她发现自己怀孕后，便去找了一名地下诊所的堕胎医生（"自愿流产"是在半个世纪后才有的），医生给了她一些非常有效的堕胎药，就这样，她借意外流产之名瞒过了丈夫，结果，这更加唤起了丈夫履行夫妻义务的热情。她又怀孕了，于是她再次找到那名堕胎医生，又开了那些堕胎药，但不知为何，这一次胎儿没被打掉。1921年7月8日早晨，麻烦来了，胎位倒置，新生儿臀部先出来，而且脐带绕颈。产科医生承诺会保住产妇的生命，最后他保住了母子二人。

对于这件事我没有任何记忆，但它一直铭刻在我的身体里。时至今日，我仍会偶感窒息，需要深呼一口气方能缓解。99年后，新冠病毒来了，它是西班牙流感的间接产物*。出生时，它和我失之交臂；现在，它要来和我补续前缘。

而我还想继续手头的几项工作，再享受些人间美好。我可不想补续这前缘，只愿能逃过此劫。不过，究竟会怎

---

* 从医学角度而言，该表述并不科学，仅遵原文译。——译者注

样，谁知道呢？

1929 年，世界危机

1930 年，我 9 岁。我的父母决定在法兰西岛（Île-de-France）* 的吕埃尔镇（Rueil）** 定居，父亲决定按照我母亲的心愿建造一座别墅：那将是一幢石材建筑，屋顶有大露台，大阳台会围上铸铁栏杆，墙壁都刷成暖色调的。但就在那一年，经济危机席卷法国，我父亲的生意也因此受到影响。这导致他收入锐减，不再有足够的资金能按照原先的设想建造别墅。他不得已改用砖块等材料草草完工，铸铁栏杆也改用砖砌，简言之，他造了一座我母亲觉得奇丑无比的别墅。当时我也不太明白，就看着她总因此与父亲喋喋不休。

1931 年春末，我们终于在吕埃尔镇安顿了下来。几周后的一天上午，我母亲急急忙忙赶乘从郊区去往巴黎的火车。她正好赶上了车。她坐了下来，看上去仿佛睡着了，之后再

---

* 该区域以巴黎为中心，俗称大巴黎地区。——译者注
** 位于巴黎郊区。——译者注

也没醒来。火车抵达巴黎圣拉扎尔（Saint-Lazare）火车站时，人们发现她已经咽气了。西班牙流感导致她心脏受损，她是直接受害者。

那年我10岁，和父亲一起生活。他也是受害者，是那场席卷全球的经济大萧条的受害者。而当时的我对于那场经济危机一无所见，一无所知。我只注意到，自那时起及至接下去的好几年，父亲都忧心忡忡、节衣缩食，甚至连我们每年去萨瓦省（Savoie）的度假也暂停了。

总而言之，1921年和1931年，我的人生先后两次因西班牙大流感而天翻地覆。第一次世界大战结束时签订的《凡尔赛和约》带来了一系列的影响，为第二次世界大战埋下了种子；1929年经济危机的影响继而在20世纪30年代波及政治和社会领域。我接连经历了上述种种时代冲击，自1931年起，我的精神世界逐步成形。

1930—1940年，飓风形成中

1933年1月30日，希特勒就任德国总理，但我对那天没什么印象。那时我还什么都不懂，但是我能回想起一名小个儿男子，一头黑发，额头上还留着一撮儿刘海，他在广播和新闻片里，声嘶力竭近乎歇斯底里地发表着演说；台下人山人海，一水儿的褐色制服，人群中不时爆发出激昂狂热的欢呼。

我脑子里有"政治"这个概念，是在我13岁的时候。那是在1934年2月，因政见分歧引发的全武行在教室里不断上演。由于一系列丑闻［其中就有斯塔维斯基（Stavisky）事件，据称其于1934年1月8日自杀］曝光，牵扯出一起贪腐案，因此暴露出法国政府在经济上的无能，继而引发了一场反议会暴动：同年2月6日，暴动者冲进法国众议院，国民自卫军开枪射击，方得以平息暴动；事件造成约15人死亡，2 000人受伤。法国共产党和法国社会党迅速结成反法西斯联盟，并受到广泛支持；自此，反法西斯阵营和亲法西斯阵营的左右两派开始激烈交锋。

1934年2月，我在罗兰中学（lycée Rollin）读初二，激化的矛盾进入了校园。右派家长的孩子们不时与左派家长的孩子们恶语相向，甚至有时还动起手来。通过阅读阿纳托尔·法朗士（Anatole France）的著作，我形成了自己的怀疑论，当时的我从怀疑论的高度审视着这场动荡。但不久，我也被卷入了这段历史洪流。

自1933年开始，历史不可逆转地朝着战争的方向行进。如今回看，这段历史清清楚楚；但在当时，各国人民和政府却仿佛经历了一场梦游，恍恍惚惚。1933年，希特勒领导下的德国退出国际联盟，开始重整军备。1935年10月，意大利法西斯入侵埃塞俄比亚。1936年5月，法国人民阵线赢得国民议会选举胜利。1936年6月，西班牙内战打响。1937年，日军发动全面侵华战争。1938年9月30日，《慕尼黑协定》签订，英、法、德、意将捷克斯洛伐克的苏台德地区割让给德国。

1938年起，局势急转直下，直至1939年8月23日，签订了令人瞠目结舌、难以置信的《苏德互不侵犯条约》。然后，第二次世界大战爆发。1940年6月22日，法国投降。

实际上，如同低气压能逐步转变成具有毁灭性的飓风一样，1930年至1940年这十年间，一场如低气压般的经济、政治大萧条也转变成猛烈的飓风，直至1941年演变成一场极端野蛮的大战。这些动荡的事件改变了我，也塑造了我。一切都与此有关，一切都是我所思考的问题：民主、资本主义、法西斯主义、反法西斯主义、斯大林社会主义、托洛茨基主义、改革、革命、民族主义、国际主义、第三条道路、战争与和平、真理与谬误。

经历了青少年时期的我开始思索：该如何去想？该如何去做？

最终，1938年，我加入了法国小党——法国阵线党（Parti frontiste），该党规定在反对斯大林主义和反对希特勒主义这两条阵线上展开斗争，并且反对战争。同时，在好友德尔博伊（Dellboy）的鼓励下，我阅读了马克思的著作，我发现，任何一种政治都应该建立在对于人、社会和历史具备一套清晰概念的基础之上。于是，我专注于这个方向，并在大学修习了历史、社会学、哲学、经济学、政治学。我从未脱离这项研究，它是我全部作品的缘起。

第二次世界大战

一切都出乎意料：1940年纳粹德国空军对英国进行大规模空袭，英国空军奋勇抵抗，并获得最终胜利；1941年6月，德国进犯盟国苏联；短短几个月间，苏联溃不成军，德国几乎占领了如今俄罗斯的欧洲版图，兵临莫斯科城下；

接着，莫斯科会战爆发，1941年12月，苏联取得首胜；同期，日本空军偷袭珍珠港，美国参战，战争升级；斯大林格勒会战持续了6个月，1943年1月，德国元帅冯·保卢斯（von Paulus）投降。

然后，随着苏联军队一路势如破竹地解放苏联全境，以及英美联军登陆诺曼底，第二次世界大战胜利在望。德国大概应该是在1944年初秋全面溃败。不过，1944年12月，冯·伦德斯泰特（von Rundstedt）还出乎意料地率领德军进犯法国阿登高地（les Ardennes），德军如此这般负隅顽抗，直至1945年5月才结束。

这个始于1930年的巨大历史旋涡全面搅浑了各种思潮。有些民族主义者通敌叛国，有些则变成共产主义者。那些狂热的反希特勒的共产主义者转头变成反英主义者，结果1941年6月起，他们又回过头来反希特勒。有些社会主义者变成法西斯主义者，有些和我一样的反战派变成抵抗派。还有些则悄悄混进绥靖派。有些贝当主义者变成戴高乐主义者，然而又有相当一部分法国人当时是贝当-戴高乐主义的拥趸。在这个旋涡中，抵抗运动催生出一些关于政治和社会的革新想法，这些想法在法国全国抵抗运动委员会（CNR）计划中成形，这也正是如今身处新型冠状病毒感染危机中的我们所需要探索的。

在法国被占领时期，我们通过收听英国广播得以跟进战况，我们时而热情高涨，时而忧心忡忡，时而又欣喜万分。我们间接地经历了那些战斗，而那些投身到抵抗运动中的人，则深感自己置身于一场抵抗野蛮侵略的战斗中，他们为拯救人类而战（要把野蛮侵略者从我们自己的阵地上赶出去）。

至于我，战争使我转变成一名共产主义者。然而，我参加的抵抗运动是反纳粹的，从来都不是反德国的，尽管政党对于战争的宣传都是反德国的。此外，作为共产主义者，我曾积极参加了一场戴高乐主义者的抵抗运动，我与政党之间如同有一条生命纽带紧密相连，但我始终保持独立主见。曾有几年，我狂热不已，之后狂热之情消退；继而，我的思想彻底扭转，狂热不再。因为我的思想在这些事件交织的历史乱潮中发生过偏移，于是我在《自我批评》(Autocritique)一书中总结自己走过的所有弯路，吸取教训，自我解救：自身保持警醒，进行批评与自我批评；当新的历史经验出现时，修正自己的思想观点。不过，战争给我们最重要的教训就是抵抗。我非常有幸当年不惜铤而走险，投身法国抵抗运动。

后来，我不得不改变，以新的方式进行抵抗。1954年至1962年，阿尔及利亚民族解放战争期间，我加入了阿尔及利亚独立阵营的右翼政党，该政党不支持阿尔及利亚民族解放阵线（FLN），一心捍卫阿尔及利亚第一抵抗者梅萨利·哈吉（Messali Hadj）的荣誉，禁止民族解放阵线对其进行诋毁。之后，1956年11月匈牙利事件被平息。自此之后，对于充满谎言与压迫的政治体制，我成了坚定的反对者。

1956—1958年，信仰大危机

1956年，时属苏联阵营的波兰和匈牙利先后爆发了起义和流血事件。匈牙利事件被平息。与此同时，以色列与埃及之间爆发战争，英法联合干预，武装进入苏伊士运河，遭到美苏联合谴责而撤军。1958年5月，阿尔及利亚战事正酣，一众将军发动了军事政变，推翻了法兰西第四共和国，戴高乐将军随即执掌政权。这些事件动摇了法国左翼对于苏联、共产主义和民主曾经抱有的根深蒂固的信念。

序言：百年变迁

1957年，我曾和几位朋友创办了一本探询和辩论的刊物《论据》（*Arguments*），并由我任主编，我因此得以对自己的思想观点进行一场深刻反思。通过与不同人士展开辩论，加之后来我在加利福尼亚州的经历，我就两个关键问题进行了思考：一是我们认知方式的基础；二是寻找一种思想，它能够应对世界，尤其是人类世界的复杂性的挑战。这也是我在之后酝酿《方法》（*La Méthode*）一书的30年间还继续思考的问题。

1968年，"五月风暴"

1968年5月在法国爆发了政治风潮，这既在预料之中，又在意料之外。之所以说"在预料之中"，是因为此前很多国家已爆发学生运动。我记得1968年3月，我在米兰做了一场关于上述运动的国际性的讲座。同月，我又突然身陷楠泰尔大学*的一场骚乱之中。当时，我是去该校给亨利·列斐伏尔（Henri Lefebvre）代课，他受邀赴中国讲学。因

---

* l'université de Nanterre，又称巴黎第十大学。——译者注

此，当骚乱从楠泰尔大学波及索邦大学时，我是警觉的，并得以及时跟进、分析《世界报》报道的那些事件。透过这些运动，我看到一种对"真正的生活"的向往，我也看到这种向往被托洛茨基主义者们接收到。在我的头脑中，我对青年互助产生了共情，这胜过了我对运动者的排斥，也盖过了运动者高喊的"（法国）保安部队就是纳粹卫队（CRS=SS）"的口号*。而所谓"在意料之外"，则是因为法国是唯一一个由一场学潮引发全体劳动者总罢工的国家。于是，加油站闹油荒，包括飞机在内的各类交通瘫痪，粮食供给出现困难，民众由最初支持学生转而拥护戴高乐，在大选中几乎全民都投选了他。1968 年的"五月风暴"验证了我的想法：青少年（从社会角度而言，从学生时代直至其进入成人社会）自 20 世纪 60 年代的耶耶（le yéyé）摇滚乐迷一代以来，构成了一个新的社会阶层，他们相对自治，有自己的行为方式和语言，向往革命者们对其许诺的另一种生活和社会。

---

* 骚乱波及索邦大学后，法国教育部部长和索邦大学校长为控制局势，请求大批警察进入校区并封校。这是继纳粹占领时期封校后，巴黎大学 700 多年历史上的第二次封校，故而引起青年学生强烈不满，将法国保安部队（CRS）与纳粹卫队（SS）等同视之。——译者注

但是，有些人会认为这是法国大革命的历史重演，其他人则认为这场动荡重创了经济。我和我的朋友勒福尔（Lefort）和卡斯托里亚蒂斯（Castoriadis）则判断，这是我们文明吃水线上的一处缺口。实际上，经济仿佛挨过一鞭后复又振兴了，我们所说的"战后辉煌三十年（les Trente Glorieuses）"也接着继续了。曾经发生的一切好像既轰轰烈烈又微不足道。"五月风暴"后，原本漫长的女性解放进程被加速推进，并且后面还跟着一条又大又长的彗星尾巴：道德得到一定程度的解放，同性恋现象得到某种理解。随着时间推移，"五月风暴"的重要性逐渐降低了。

几年之后，一起事件悄然发生且无比重要，并稍稍开始改变我们的生活、社会和世界，这就是"梅多斯报告"。

生态危机

梅多斯（Donella Meadows）教授任教于美国麻省理工学院。她和同事于1972年发表了一份报告[1]，这份报告揭

---

[1] 德内拉·梅多斯、丹尼斯·梅多斯、乔根·兰德斯、威廉·W.贝伦斯Ⅲ，《增长的极限》，罗马俱乐部咨询报告，1972年。

示，日益广泛且快速的生态恶化不仅在局部范围（湖泊、江河、城市）出现，而且将来会在全球范围（海洋、整个星球）发生。这份生态科学的文件催生了人们的生态意识：生物圈恶化会导致人类生存环境的恶化，影响人类的食物、资源、健康和心理状况。1969年至1970年，我在加利福尼亚州时，就已经读到埃里希（Erlich）的一篇预判海洋"死亡"的文章，这使我树立了生态意识。然而，是"梅多斯报告"让我茅塞顿开，并使我成为生态政治学先驱之一。该政治学不限于保护自然环境，还试图拯救人类生存环境，因此，我们需要沿着本书所明确的生态政治学和文明政治学的方向，改变我们的观念、德行和我们的文明。

此处我想强调的是，树立生态意识是极其缓慢的，50年过去了，人们的生态意识依然不足，依然缺乏相应的政治和经济行动来规避人祸和自然灾难。这要归咎于文化：《圣经》、"福音书"、哲学以及其他人文科学都已经从根本上把自然与文化、人类与动物割裂开来。同时，这还要归咎于巨大的经济利益驱使：为了追求短期利润，人们要么掩盖生态问题，要么否认问题存在。面对切尔诺贝利核电站事故和福岛核电站事故，舆论一度觉醒，但又被快速麻痹，复又沉睡过去。气候变暖的警报终于让各国的部分青年行动起来，其中就有现代版圣女贞德——青少年格蕾塔·通贝里（Greta Thunberg）。这次疫情危机再次给生态意识提升注入些许动力。或许，要等到临渊之时，生死攸关的自救意识才会觉醒吧。

半个世纪以来，我一直投身于这项事业。但是，我将其融入一个更整体的概念中：政治学融合生态学，生态学融合政治学。在这个概念之下，我们认为，对利益的贪得无厌促使世界技术-经济脱缰式发展，导致生物圈和人类生存环境恶化。

这使我重回抵抗运动时的自己。

在两条阵线上的抵抗

我就是这样逐步投身到了又一场抵抗运动中，这场抵抗是在智识层面和政治层面对抗日益威胁人类的两种野蛮行为。其一是老派的野蛮行为，它源于世世代代的统治和奴役，还有日积月累的仇恨和偏见，并通过排外行为表现得愈演愈烈，且在中东和非洲泛化成种族主义，引发数场战争；其二是冷暴力式的野蛮行为，它主要表现为钩心斗角与利益追逐，并在全世界大部分地区大行其道。正是因为经历了这场抵抗，我自 20 世纪 80 年代起，发展并提出了一些想法，并呈现在我的书中、文章里以及讲座上，这些想法已在如今这场大危机中真实呈现。

这场以疫情为发端的危机使我大为震惊，不过，它并未推翻我的思考方式，反而验证了我的思考方式。因为说到底，这 99 年里我所经历的种种危机与我相伴相随，我是这时代的孩子。我意料到，总会有意料之外的事随时发生；我预见到，总会有无法预见的事突如其来。对此，我已见怪不怪，相信读者现在也会明白。我害怕历史出现倒退，我担心野蛮行为涌现，我察觉到一些历史性灾难可能会发生，相信读者将会明白。相信读者还会明白，我为何没有丧失任何一丝希望。那么，读者就会明白，我为何愿意在本书中用尽我最大的气力，以期唤醒乃至再次唤醒民众的意识。

引言

新冠病毒突然出现，造成了一场世界性灾难。它使得177个国家和地区的经济和社会生活陷入瘫痪，并且引发了一场公共卫生灾难，国内外相关汇总数据既令人沉重又引人警醒：全球逾40亿人被隔离，即全球过半数人口；截至2020年5月底，已有500万人患病，约35万人死亡[*]。

诚然，历史上发生过许多次疫情大流行。诚然，自美洲被征服后，病菌已遍布全球，但是COVID-19的根本特

---

[*] 数据可靠性无法确认，仅遵原书译。——译者注

点在于它造成了一场巨型危机。这场巨型危机是政治危机、经济危机、社会危机、生态危机、国家危机、全球危机等一系列危机环环相扣而成的综合产物。这一系列危机相互构成、相互作用、彼此关联,又充满多重不确定性。换言之,就是复杂,即"复杂"(complexus)一词的本义:"相互交错在一起"。

这场危机前所未有,它给我们的第一条启示如晴天霹雳般令人震惊:所有看似割裂的、毫无关联的事物,其实都密不可分。

这场发端于新冠病毒的全方位的巨型危机,可能预示着一场关于西方大范式的更深入且更广泛的危机。所谓范式(paradigme),是指思维、行动、社会的组织原理,简言之,就是与人类相关的所有领域的组织原理。所谓西方大范式,即诞生于 16 世纪欧洲的关于现代性的范式,如今它已成为全球范式。同一些人一样,我也认为,1968 年"五月风暴"、生物圈环境恶化、文明危机以及全球化悖论,这些正是所谓"王牌范式"的危机;我还认为,一种新范式的孕育是在人们不确定它能否诞生并奏效的情况下,在痛苦和混乱中进行的。

范式的一次改变，是一个漫长、艰难且混乱的过程，其间会与无数主张坚守已有条条框框和思维模式的抵抗行为发生碰撞。这是一项漫长的历史工作，既是无意识的，也是下意识的，还是有意识的，而有意识能助力推进下意识的和无意识的工作。这是我们所相信的，也是我们所愿意参与的。

我们的身体从未被如此禁锢于隔离中，而我们也从未如此关注过尘世命运。我们不得不反思我们的生活，反思我们与世界的关系，以及思考这个世界本身。

后疫情时代同这场疫情危机本身一样，令人焦虑。后疫情时代既可能如世界末日般悲惨可怕，也可能给人们带来希望。许多人都认同，明天的世界定将不同往日。但它究竟会怎样呢？公共卫生、经济、政治和社会危机会导致我们的社会分崩离析吗？这场疫情大流行已经揭示出，全人类的命运连同这颗星球上生物、生态的命运休戚与共，我们会从中吸取教训吗？如今，我们已进入充满诸多不确定性的时代。

　　未来无法预见,但其酝酿形成正发生在今时今日。让我们祈愿,为了政治得以革新,星球得到保护,社会变得更加人道、文明——是时候改变**道路**了。

目录

第一章 新冠疫情的15条教训 / 001

1. 关于我们生存的教训 / 003
2. 关于人类生活条件的教训 / 005
3. 关于我们生活的不确定性的教训 / 007
4. 关于我们与死亡的关系的教训 / 008
5. 关于我们的文明的教训 / 010
6. 关于团结意识觉醒的教训 / 011
7. 关于隔离中社会不平等的教训 / 012
8. 关于世界范围内情况多样性和疫情管控多样性的教训 / 014

9. 关于一场危机的属性的教训 / 016

　10. 关于科学和医学的教训 / 017

　11. 一场智识危机 / 020

　12. 关于思想与政治行动欠缺的教训 / 023

　13. 关于生产力外迁和国家依赖的教训 / 027

　14. 关于欧洲危机的教训 / 028

　15. 关于危机中的星球的教训 / 029

第二章　后疫情时代的挑战 / 033

　1. 生存挑战 / 036

　2. 政治危机的挑战 / 038

　3. 危机中的全球化所带来的挑战 / 040

　4. 民主危机的挑战 / 041

　5. 数字技术的挑战 / 042

　6. 生态挑战 / 043

　7. 经济危机的挑战 / 044

　8. 不确定性的挑战 / 045

　9. 出现一次大衰退的危险 / 046

目录

第三章　改变道路 / 051
　　1. 一套国家政策 / 055
　　2. 一套文明政策 / 076
　　3. 一套人类政策 / 084
　　4. 一套地球治理政策 / 092
　　5. 一种新生人文主义 / 095

结语 / 110
致谢 / 114

第一章

新冠疫情的 15 条教训

1. 关于我们生存的教训

"你怎么生活?" 1960 年,我和让·鲁奇(Jean Rouch)联合导演了纪录片《夏日纪事》(*Chronique d'un été*),在影片中,我向自己也向他人提出了这个问题。在隔离中,这个问题比以往任何时候都更现实,也变得更辛辣尖锐。

隔离的经历应该首先促使我们关注到一些人的存在，他们贫困度日，没能过上富足慵懒的生活，但他们应当过上富足的日子。

隔离带来的约束促使每个人自省，思考自己的生活方式、自己的真正需求以及自己的憧憬。对于那些忍受着"地铁—公司—家"三点一线的上班族，这些憧憬已被压抑；对于那些享受着相对惬意生活的人，这些憧憬已被忘却。通常，这些憧憬要么掩于日常生活的异化之下，要么涸于帕斯卡尔所说的"消遣娱乐"之中，这种"消遣娱乐"使我们对关乎人类生活条件的真正问题视而不见①。

隔离尤其应该促使人们都去关注生存的本质，无论是迫于生计的穷人，还是溺于当下、耽于享乐、陷于无用的富人。这关乎我们个体身心发展的爱与友情，无数"大我"之中万千"小我"的共同性与团结性，以及我们每一个人都是其中一分子的全人类的命运。

---

① 但是，有别于帕斯卡尔，我们应该把那些消遣娱乐与通过阅读、聆听、观赏杰作而获得的幸福感加以区分，前者误导我们舍本逐末，而后者有助于我们安度隔离期，使我们直面人类的命运。

2. 关于人类生活条件的教训

在 20 世纪 70 年代之前，亦即关于地球生物圈恶化的"梅多斯报告"发表之前，人类曾一直以为自己已经征服了大自然。在 20 世纪 80 年代之前，亦即艾滋病泛滥之前，科学界曾一直以为已经消灭了病毒和细菌；在 2008 年之前，官方经济学家曾保证任何危机都已被消除；在 2020 年之前，人类已经把大疫情的出现划归到中世纪。

我们的脆弱性已被遗忘和掩藏。所谓人类将成为"大自然的主人和拥有者"的西方神话，在一个小小的病毒面前，就已轰然崩塌。这神话已被生态意识直击要害，数十年来，生态意识已让世人明白：我们越是成为生物圈的主人，我们就越是依赖它；我们越是破坏生物圈，我们就越是在破坏自己的生活。

然而，人们坚信，唯有科技和经济的进步才构成人类的进步；人们还坚信，自由竞争和经济增长是改善社会生活水平的首要条件。这种信念在西方世界继续大行其道,甚至导致人们对超人类主义的痴心妄想。该主义预言,借助人工智能,人类将实现永生并控制一切。这种预言把"进步的历史必然性"这一神话推向极致,也把"人类不仅能主宰大自然,还能主宰自身命运"的神话推向极致。

不过,在病痛和死亡面前,技术科学的威力再强大,也无法消除人类的先天不足。就算我们能够缓解病痛,延缓因衰老导致的死亡,我们也绝不可能消除那些致命的意外事故,它们会使我们粉身碎骨;我们也绝不可能摆脱细菌和病毒,它们在不停地进行自身修饰(automodification),以抵抗抗生素、抗病毒药物、疫苗等药剂。我们既是棋手,也是棋子;我们既是主宰者,也是被主宰者;我们既是强者,也是弱者。

我们应该意识到一个反论:我们的强大与我们的弱小齐头并进。正如帕斯卡尔所言:"使人过多看到自己和禽兽多么的等同,而不向其展示他的伟大,这是危险的;使其过多看到自己的伟大,而看不到自己的粗鄙,这也是危险的。任由其忽略二者任一，则更加危险。"[1]

所以，人类究竟是什么[2]？这个问题在我们的教学方案中毫无一席之地，却与我们每个人息息相关。为什么不向我们自己提出这个问题呢？

3. 关于我们生活的不确定性的教训

疫情及其后果给我们带来了各种不确定性，且将持续。这些不确定性涉及病毒的来源、病毒极不均匀的传播、病毒的突变、治疗、预防病毒的正确方法（隔离、大规模筛查、佩戴口罩、流调）、病毒消失或弱化为地方流行病的可能性，以及病毒对政治、经济、社会、国家和全球的后续影响。

---

[1] "所以说，人在自然界中究竟是什么？是虚无之于无限，是全部之于虚无，是介于虚无与全部之间的一个中间项。对于理解这两个极端，他都相距无限远。对他而言，事物的归宿与起源都无法洞悉地隐藏在一个难以识透的奥秘之中。他由虚无而出，并被吞没于无限之中，这虚无与无限都同等地无法窥测。"帕斯卡尔，《思想录》(Pensées) 之《两个无限》(Les deux infinis)，1669 年。

[2] 关于这一问题，可参阅我的《方法》第五卷《人类身份》(L'Identité humaine)，瑟伊出版社 (Seuil)，2001 年。

这促使我们承认，就算不确定性被遮掩也好，被排斥也罢，它都伴随着人类的伟大历程、每个国家的历史、每个人的"正常"生活。因为每个人的生活都是一段具有不确定性的历程：我们不会提前知道我们的个人生活、健康状况、职业生涯、情感历程将会怎样，虽然人人必有一死，但是我们也不会知道死亡何时将至。随着疫情以及相继而来的种种危机，我们可能将经历比以往更多的不确定性，而我们必须经受住磨炼，学会与之共生[1]。

4. 关于我们与死亡的关系的教训

政教分离的现代性已经极度削弱了人对死亡的恐惧，曾经，唯有基督徒关于耶稣复活的信仰才能将其驱除。75年来，在法国，和在西欧一样，和平持续，人的寿命延长，死亡阴云不再，对于遭遇亲人亡故的家庭，哀伤也只不过持续一段时间。

---

[1] 埃德加·莫兰，《未来教育所必需的七种知识》(*Les Sept Savoirs nécessaires à l'éducation du futur*)，联合国教科文组织、瑟伊出版社，2000年。

突然间，新冠病毒出现，本该继续活着的人染病离世，每日死亡人数激增。生物科学和医学技术虽已具备药物和疫苗等手段，但是，面对这一神秘的病毒，依然束手无策。

我们每天都统计死亡人数，这导致人们对该病急速致死的恐慌情绪持续，甚至加剧。然而，新冠病毒感染人群的死亡率不及3％。

隔离使得那些被插管或接上呼吸机的垂危病人孤单独处，伸出手去，却没有爱的人伸手来回应。隔离使得配偶、父母、子女在最后的日子里远离爱的陪伴。因为隔离，葬礼无法举行，匆忙间，逝者被草草埋葬。

由此而来的空虚失落感残酷地提醒着我们，陪伴所爱之人离世，直至其入土安葬或火化，是多么的必要。活下来的人需要聚在一起分担哀伤。他们需要一些告别仪式和一场集体追悼会，包括那顿丧宴。缺少了具有安慰作用的葬礼，这让所有人，包括我这样的无宗教信仰人士，都感觉到仪式的必要性：它让我们深感逝者依然活在我们心中，并通过类似圣餐礼的方式减轻我们的哀伤[1]。

---

[1] 我曾提议对非宗教葬礼进行改革，可参阅《道路》（*La Voie*），法亚尔出版社（Fayard），2011年。

5. 关于我们的文明的教训

我们的文明引导我们过一种外向型生活，追逐外物，关注外界：什么交通啊、工作啊、开胃酒啊、餐厅啊、约会啊、旅行啊。我们为了有些人在服装店橱窗前驻足，又为了另一些人在食品展示柜前停留；我们被吸引到大商场和巨型超市里兜来转去，要么被某个折扣吸引，要么被某件饰品、某款美食或者某件新奇的小玩意儿诱惑。每逢影片上映、电视节目播出之际，在城市街巷和地铁站的墙上，甚至在油管视频（YouTube）上，广告都铺天盖地，刺激着我们的购物冲动，刺激着我们做一场开豪车、坐游轮、畅游热带海岛的美梦。

而隔离突然把我们幽禁在了自己的住所之中，有时也把我们推向了自己的内心之中。

对于所有生活水平未降至贫困的人而言，受到隔离限制，我们的购物减至仅购买必需品，同时，这使我们明白，许多不必要的消费在此之前曾被我们认为是必要的。当我们无法被购物冲动牵着鼻子走时，终于得以觉知我们的文明所造成的消费主义毒害。当我们大力重建我们的消费模式时，已经自然而然地更倾向于必需而非无用，更倾向于质量而非数量，更倾向于可持续性而非一次性。

这使得我们对一种始终鼓励无歧视消费的文明进行思考。

6. 关于团结意识觉醒的教训

在这场全面考验中，展现出了各式各样的团结，这揭示出在所谓"正常"情况下团结的缺乏——这种缺乏是由我们文明的自身发展所引起的：在越发自私的个人主义连同不断分化的社会区隔化的共同影响下，团结随着文明的发展被极度弱化。事实上，团结曾在每个人心中沉睡，风雨同舟之际，便又觉醒了过来。

我们看到，为了弥补法国当局的不足，涌现了大量的团结行为，也充满了浓厚的团结气氛：为了应对口罩短缺，企业转产口罩，手工业者或家庭手工制作口罩，当地生产者也组织起来；还有免费送货上门，邻里间互帮互助，向流离失所者免费派餐，帮忙照看孩子；在最恶劣的条件下，师生之间依然保持联系，没耽误教学。

当意大利人民在阳台上高唱国歌时，当法国、比利时、西班牙以及其他国家的民众每晚为医护人员鼓掌致敬时，我们看到了对国家团结的重现，即使这只是象征性的。尤其是在那些欧洲南部国家，传统的团结一致依然生生不息，并随着互助互救的倍增变得更加高涨。

同样地，这场危机还促使无数有识之士去寻找并形成解决方案，以应对危机所引发或加剧的负面影响。知识分子、科学家和医生的文章，还有艺术家的团结宣言、倡议和号召，以及公民的反思和主张层出不穷，这些既是为了诊断现在、预测未来，也是为了呈现一种新政治的各项基础，从而改革甚至改造我们的社会。

7. 关于隔离中社会不平等的教训

隔离成了社会不平等的一面放大镜，疫情大流行悲剧性地加剧了社会空间上的不平等。不是所有人都有用于逃离城市的第二居所。有些有子女的家庭居住空间狭小，使得隔离生活难以为继；更不消说那些无家可归者、被称作"外来移民"的难民、侨居法国的移民，对他们而言，隔离是双重的艰辛。

隔离还揭示出某些鳏、寡、弃妇等独居者以及身无分文的老人和年轻人的凄苦可怜的生活。

隔离也展现出那些社会底层群体诸如清洁工、搬运工、司机、收银员和话务员，他们远比巴黎CAC40指数的那些冠军股公司（其中仅极少数表现出了一定的团结）更加关键、更加必要。当郊区青年、餐馆老板、家庭妇女纷纷为贫苦群体准备免费餐食的时候，那些社会最顶层的人却常常高高在上，坐等时机再对底层民众攫取一番。

然而，与此同时，那些最易暴露于传染和死亡危险中的工作者，那些对所有人而言更加关键、更加不可或缺的从业者，却在很大程度上被低估，更不用说有时还遭受鄙视，而且他们还领着较低的工资。让我们为护士、清洁工、送货员、菜农、小农户、保安和基层民警们正名吧！让我们为医院医生、教师和教育工作者们正名吧！他们不舍昼夜奋战在危机的紧要关头，他们所展现出的不只是职责所在或职业素养，更是使命担当。

重要的是，这些被低估的职业在今后应当得到社会的充分认可，对于那些为他人奉献的职业，比如医生和教师，其使命之伟大应当被肯定，是他们在危机中挺身而出，这些职业应当保持并传承下去。

最后，我们来谈谈女性所遭受的不平等，尤其是在健康和教育领域。在这些领域工作的女性，其收入比男性低24％。关于不平等这一点，我们将在第三章再详述。

8. 关于世界范围内情况多样性和疫情管控多样性的教训

这次疫情对世界各地造成的影响程度十分不同。尽管在我写作之际，一切都还在变化，但在有些国家以及在被病毒感染的国家的一些地区，情况看上去相对稳定，比如冰岛或个别非洲国家——或许低人口密度对当地构成了一种保护；与此相反，其他一些国家和地区正经受着恐怖的感染和死亡浪潮，比如首当其冲的就是巴西，总统不负责任地乱指挥，使得国家深陷悲剧般的困境，还有秘鲁、美国和墨西哥。在秘鲁首都利马，食物供给中断，导致数十万进城务工人员不得不重返农村，因为交通运力不足，他们不得不步行数百公里。

同样地，卫生防疫措施五花八门，产生的防疫效果也十分不同。在那些南部国家，潜在的贫困状态已持续激发出创造力。这场突发的医疗事件也激发出一种强大的创新力，同时还引发了人们互帮互助，并通过派发大量的食物对赤贫群体提供救助。

法国及其他某些西欧国家则表现得措手不及，无力招架，与此同时，有些亚洲国家（越南、韩国）和北非国家（摩洛哥）则应对得当。在摩洛哥，在政府的大力推动下，危机伊始，就由个人和企业捐资，成立了一项30亿欧元的团结抗疫基金。基于此，在创纪录的短时间内，重症病床数量便已翻番，酒店、私人诊所都被腾出来，用于收治新冠感染者。在全球口罩紧缺之际，摩洛哥的纺织企业都被征用转型生产口罩。之后，摩洛哥每日生产口罩600万只，并供给欧洲邻国。凭借实业家和科学家的发明创造，可检测新冠病毒的新型口罩得以投入使用；在新冠疫情大流行之际，人工呼吸机也被生产出来救治病人。

9. 关于一场危机的属性的教训

一场危机[①]，除却其引发的动荡和不确定性，还表现为一套旨在维持稳定性的系统对抑制或压制异动（负面反馈）的调节能力不足。在危机中，这些异动不再被压制，反而蔓延开来（正面反馈），并成为活跃趋势，而且，如若任其发展，可能会造成系统在危机中紊乱或宕机。在生命体系以及尤其是社会体系中，这些异动的胜利性发展将导致一系列或倒退或前进的转变，甚至是一场革命。所以，1929年危机使得自1920年创立以来完全边缘化的无名小党异军突起，走向了德国民主权力之巅，其异动已使得该党成为历史上一股可怕的力量。与之相反，1989年，捷克斯洛伐克的"天鹅绒革命"使得因持不同政见而被长期

[①] 埃德加·莫兰，《关于危机》（*Sur la crise*），弗拉马里翁出版社（Flammarion），2020年。

囚禁的知识分子瓦茨拉夫·哈维尔（Václav Havel）执掌政权。

一个社会里的危机会毁掉一些确定性，并引发人们对原本无可置疑的事情产生怀疑；继而，危机便会导致两种截然不同的发展进程。第一种，是在寻找新的解决办法的过程中激发出想象力和创造力；第二种，则是要么试图回到过去的稳定状态，要么听天由命。危机所引发的焦虑情绪促使人们找出或揭发一个过错方。这个过错方可能确实犯过一些错误，引发了危机；它也可能是人们臆想出来的一个过错方，亦即必须被消灭的替罪羊。上述方方面面也正出现在我们如今经历的这场危机中。一些实力雄厚的游说集团干预政府并介入媒体以期重返旧秩序，而建立新政治的呼声也正日益高涨。

10. 关于科学和医学的教训

权力机关召唤科学界对抗疫情，这一点顺理成章。然而，尤其是在拉乌尔（Raoult）教授提出令人始料未及的治疗方法①之际，原本放心的公民们却面对了一些不同的甚至大相径庭的医学观点。一些消息更灵通的公民还发现，有些大科学家同制药企业保持着利益关联，其游说集团在一些政府部门和媒体机构也颇具权势。

现在是时候明白，所谓科学（有别于宗教），并非绝对真理的汇编。随着新发现的问世，其理论是可被"生物降解"的，亦即可被推翻的。所以，远非奇谈怪论的科学争论对于科学进步是必要的。（然而，尖刻的口诛笔伐和人身攻击就超过了科学争论的范围，仿佛牵涉着一些个人的或金融财团的巨大利益。）

科学进步通常是竞争与合作的共同产物。但是良性竞争可能恶化为恶性竞争，比如，研究治疗方法或疫苗本可通过合作来进行，从而加速消除病毒，如今却彼此竞争，各自为营。

此外，专业高度细分导致专业知识分格（compartimentation），这不利于科学发展，也不利于发展系统医学。而这正是奥弗雷（Auffray）教授所从事的工作，他把被分隔

---

① 使用羟氯喹（Hydroxychloroquine）加抗生素治疗新冠感染者。

的不同学科关联起来，整合为一套整体观念；依照这套观念，精神不再区隔于肉体，人不再区隔于他所生活的环境。另外，专科医生比全科医生更占优势，这对于综合医疗机构是不利的。我们看到，在这场危机中，全科医生无权为新冠感染者开"扑热息痛"（paracétamol）以外的其他药剂。

知识分格令人遗憾，它还表现在任何或将不是由制药企业开发出来的产品都会因先入之见而遭鄙视。因此，西医排斥过亚洲和非洲的一些疗法，譬如黄花蒿，它已被成功用于治疗疟疾，并在马达加斯加被用来对抗新冠病毒。世界卫生组织已认可此类尝试是有用的，然而，就这种植物对新冠病毒可能有效这一点，我们的医学界并未表现出丝毫兴趣。

对于疫情的担忧唤醒了人们去采取相应的技术手段防护（隔离、个人防护措施如正确洗手），但却忽略了忠告大家要卫生饮食，以增强机体抵抗力。

科学的活力也受制于其内部形成的一些学术权威，这些人在面对新发现和创新发明时变得故步自封且目光短浅，而科学的进步恰是由从哥白尼到达尔文、巴斯德、爱因斯坦、克里克和沃森的那些科学"异端"推动的。

具体到医学领域,尽管情况迫在眉睫且事关大众,但众多实验室更愿意保守自己的研究秘密,反倒是一些独立研究者在疫情伊始便建立了卓有成效的合作。

11. 一场智识危机

看不到的复杂性

我们在前文提及思想的欠缺,它向我们揭示出存在于我们精神层面的巨大黑洞,这个黑洞使我们无视真实所具有的诸多复杂性。这个黑洞同时(且再一次)向我们揭示,我们被灌输的认知方式存在诸多弱点:这种认知方式使我们把不可分割的分割开来,把既一体又多样的一切归为一个单一元素;它把知识分隔且分格(compartimenter),而不是将其联系起来;它仅限于预见可能性高的事件,然而意料之外的事情总是突如其来且层出不穷。这种认知方式不适合领会复杂性。因此,依照这种认知方式,公共卫生、经济、生态、国内和国际研究被分格。因此,意料之外的

第一章 新冠疫情的 15 条教训

事情的发生使得一些国家和政府猝不及防。

我们还要补充的是，占据主导地位的技术-经济观念重视计算，并将其视为认知人类现实（增长率、国内生产总值、调查统计等）的方式，然而，喜怒哀乐、爱恨情仇是无法计算的。所以，不只是我们的愚昧无知，还有我们的认知所限，都使得我们的心智被蒙蔽。

这场危机期间我们所表现出的在认知和思想上的欠缺和不足说明，我们需要一种能够应对复杂性和不确定性挑战的认知思考方式。我们无法认知那些无法预见之事，但我们能够预见其或然性（éventualité）。我们不应依赖那些高可能性（probabilités），也不应忘记任何历史转折都是未曾预见到的。

行动生态学

一个行为的发生并不必然遵循其决策者的本意，而是常常受作用于该行为发生环境的相互反应（inter-rétroactions）。基于此，该行为也可能反向进行，并如"飞去来器"一般，再返身作用于决策者头上。同样，旨在减少预算支出而降低医院拨款额度的政策决定、对超负荷工作的医护人员所提出的需求充耳不闻的政策决定，以及销毁数百万只口罩的政策决定等，反而导致了史上最大规模的医疗支出。在一个具有相互作用多样性的环境中，任何行动都存在偶发风险。鉴于此，有必要意识到任何决定都是一次赌博，且其决策者应该明确了解这一点。依此道理，任何决定都需要一套策略，其中包含针对偶发风险的处理预案。这就涉及对无法预见之事的或然性有所预见。

应急优先原则还是稳妥为上原则？危急时刻做何选择？

疫情期间，曾经有关于稳与急的对立之争：应急治疗效果立竿见影，但会导致副作用而被低估；稳妥治疗效果更有保证，但实施前需要经过漫长的审验流程，其间会导致病患数量增加。事实上，这二者之中任选其一都存在风险。不过，我们可以双管齐下，既实施应急治疗，又同时加速稳妥治疗的审验流程，从而部分规避因二者仅择其一而带来的风险。

同样地，在抗击新冠病毒的过程中提出的两种策略也是矛盾对立的：一种是隔离，它能避免疫情肆虐，用时间延缓其传播速度；另一种是群体免疫，这会在一定时间内扩大疫情波及范围，加重病毒肆虐程度，但会缩短疫情持续时间。

同样存在矛盾对立的还有隔离。一方面，出于卫生防护的考虑，主张延长隔离期；另一方面，出于重启经济的考虑，主张尽快结束隔离。

最后，对立还存在于流调中。一方面，要加强措施采集个人信息；另一方面，又需要保护个人自由。

在上述所有情况中，要么努力化解矛盾，要么做出选择赌一把。

12. 关于思想与政治行动欠缺的教训

重要的政治问题

悲剧性的是选言思维和还原思维控制着政治和经济领域。这种巨大的欠缺导致了疫情期间在诊断和防护措施上的失误以及决策错误,还有政令的前后矛盾(比如,一开始说戴口罩没用,后来又要求必须戴口罩;再如,一开始不重视检测,后来又紧急要求检测;还有,学校既不开放,也不关闭)。

健康经济学家让·德·盖尔瓦斯杜艾(Jean de Kervasdoué)曾重点指出法国卫生部接连上任的部长们失职以及卫生部行政不力,并强调了那些游说集团所扮演的角色以及利益分歧所导致的影响,正是这些阻挠了该行业的任何一次改革。补充一句,那在领导们心头挥之不去的收益率导致了他们在医院和卫生风险预防上错误地节省开支。

思维方式上的种种欠缺加之对利益的无尽渴求,这些都对人类历史上不计其数的灾难负有责任,这其中也包括2020年2月以来突发的种种灾难。

这场危机强有力地凸显出一种政治的欠缺,这种政治重利轻力,以牺牲劳力为代价保护资本,以收益率和竞争力之名牺牲防疫保障。一方面,一种新自由主义政治到处致力于公共服务私有化或弱化;另一方面,一种超级官僚化的国家治理又听命于实力雄厚的游说集团的屡屡施压。于是,医院及其医护人员成为上述两方面的受害者。

出现在我们面前的这些根本问题必须于本书在此提出后马上得到处理。

新自由主义政治

2019年，新自由主义的所谓科学信条还在这颗星球上的大部分国家大行其道；它把任何政治问题都归到经济领域，再把任何经济问题都套用到自由竞争学说中，把该学说作为解决所有社会问题的办法。实际上，新自由主义信条严重加剧了社会不平等，并赋予了金融财团豪权。

然而，解决因全球隔离所致的经济突然瘫痪的紧急办法与之前曾主宰经济的信条相反：新办法给原先被削减开支的部门增加了开支，为之前被取消国家管控的行业引入了国家管控，在之前鼓吹自由贸易的领域为基本的经济自主权做着保护准备。这一逆转立刻证明，对新自由主义所做的那些重要批评是正确合理的，并且激发我们对"道路"进行根本改变，尤其是通过一项生态-经济相结合的新政，重振就业、消费，提升生活水平。

但是，为了对抗任何革新，经济和金融财团的抵抗力量业已团结起来：开展一场大型运动，宣扬限制和约束时代终结，以期说服民众，尤其是工薪阶层，接受不可避免的牺牲。

当然，我们不知道马克龙总统的改革能否走上正轨并完成，如果大马士革*的问题解决不了，至少得解决贝尔西**的问题。

国家的失职

这场危机揭示了一个超级官僚化的国家行政体制所带来的根本问题，这种国家行政体制极度听命于利益集团，面对压力听之任之，使得所有改革陷入瘫痪。

政治思想的危机

正是这种政治思想的空白导致了社会党在法国的分崩离析，继而导致了右翼共和党的僵化。正是这一空白使得

---

* Damas，叙利亚首都，此处代指难民问题。——译者注
** Bercy，法国财政部所在地。——译者注

混乱的大多数人只是出于对其领导人和创始人的信任而被团结起来。正是这一空白使得人们回避任何研究，去探寻一条拯救政治-生态-社会-文明的"道路"，我们将在本书中进一步提出该道路的种种基础。

13. 关于生产力外迁和国家依赖的教训

新冠疫情揭示了我们在药品、卫生医疗物资尤其是口罩、医用防护服等方面对外的完全依赖，主要是对非常遥远的中国的产品依赖。但是这种做法也具有极其严重的缺陷，这使我们依赖于外国经济，并使我们在病毒入侵之际，既缺产品又缺生产商。

由此便产生了卫生医疗产业自给自足的问题，此外，基于越来越可能发生的食品危机的假设，我们还要补充一项：食品产业最低限度的自给自足的问题。在法国，农场多种作物种植几乎已全境消失，转而工业化地单一种植小麦主供出口。因此，准备重新开展农场农业和生态农业，并相应地压缩工业化农业，就变得十分重要（这一点后文再述）。

令人遗憾的是，关于国家自给自足这一问题没有被很好地提出，结果总是沦为一个关于主权主义与全球化主义之争的问题。

正如我们将看到的，这涉及恢复生死攸关的国家自给自足事宜，同时，这还涉及在涵盖了命运共同体意识、政治合作和文化交流等的另类全球化（altermondialisation）中，对技术-经济全球化进行改革。广而言之，全球化应当涵盖与之相对的去全球化，以拯救那些生存空间遭受威胁的田地、领土或民族。必须推翻德意志第三帝国（Ⅲ^e Reich）主张的"生存空间"概念中的扩张主义：我们的生存空间是我们的国家空间。

14. 关于欧洲危机的教训

新冠疫情危机已经为欧洲敲响了揭示真相的钟声。在疫情冲击下，欧盟已支离破碎，各国各自为政。受到狂热的主权主义影响，每个国家都闭关锁国，关闭了边境。个别低调进行的小范围合作除外，譬如德国收治了法国阿尔萨斯地区的一些病人。

当意大利继而是西班牙深陷卫生医疗困境之际，法国和德国展现出了极低的团结性。同样地，各国独自采取初步措施，以挽救濒临倒闭的企业，并且为失业的工薪阶层提供收入补助。成员国之间无法达成共识去帮助那些最困难的国家。

两个月内，没有任何一项团结互助金融援助意向得以实现，直到最后时刻，法德两国才向欧盟其他成员国提议，贡献 5 000 亿欧元贷款以实现共同振兴。

当欧盟仅剩一副躯壳之际，一场团结意识觉醒和一种共同的生态政治可能会为其带来一线生机吗？分化在持续，在声势渐隆的主权主义者的分裂行径的推波助澜下，欧盟解体的威胁将日益严峻。让我们期盼能避免这场解体吧。

15. 关于危机中的星球的教训

全球疫情大流行造成了一场猛烈的全球化危机。人们也可以反思，对于这场猛烈的疫情大流行危机，全球化是不是没有起到推动作用。

一些生态学家、科学家和流行病学家已指出，生态系统的紊乱、对生物多样性的破坏、人类的流动以及城乡污染都有助于埃博拉病毒和冠状病毒的产生，也有助于这次新冠病毒以骇人的速度传播。生物学家、病毒转录专家托马斯·米歇尔[①]（Thomas Michiels）认为："毋庸置疑，全球化对流行病有作用，并有助于病毒扩散。回顾过去那些流行病的演变过程，有一些众所周知的例子，可以观察到那些流行病随着人类的出行和铁路运输传播开来。毫无疑问，个体流动会加剧疫情大流行。"

科学家们已经展示出，在这场危机中，与我们的食品供给系统相关联的全球化的另一种影响。病毒出现频次的增加与大规模的工业化农业相关联，特别是动物养殖产业化。砍伐森林的政策也导致一些疾病出现。如果不限制那些力图垄断最贫困国家土地及全球食品市场的农商企业，流行病发生的频率还存在增高风险。

全球化除了对环境产生不利影响，还致使国家丧失主

[①] 参见比利时法语广播电视台（RTBF）2020年4月1日的采访。

权和经济自主性。

广而言之,情况很清楚,因为全球化的本质是技术-经济全球化,所以它已然创造了一种普遍的且毫无团结性的相互依赖。那么,当危机蔓延全球之际,这种相互依赖的关系便被打破,使得经济瘫痪中的国家与人民陷入前所未有的经济依赖和道德依赖中。

疫情之前就很明显,技术-经济全球化远未建立起不同文化间和不同国家间的联结,反而不时引发种族-宗教或民族主义的自我封闭。这些自我封闭使得人们对命运共同体视而不见,并对由全球化本身所创造的危险共同体也视而不见。

较之以往任何时候,全球化都更应当受到另类全球化的规范和管控,并在卫生医疗和食品领域与去全球化相结合。

这场由新冠病毒引发的全球危机凸显出,全人类的命运与地球这颗星球上的生物的生态命运密不可分。同时,这场危机还加剧了人类危机,而人类危机是难以团结起人类的。

面对民族主义的失败与自我封闭,面对种族主义与排外主义的重新抬头,面对经济利益高于一切的地位,人文主义(humanisme)现处于危机中。人类命运共同体的意识应当使人文主义重获新生,并为其迄今为止都很抽象的世界性赋予一种具体的特征,于是每个人都将感到自己融入人类历程中。并且,如果该意识在世界范围传播,并成为一股具有历史性的力量,那么,人文主义或将催生出人类的一种新政治。

第二章

后疫情时代的挑战

第二章　后疫情时代的挑战

我们正在经历的极度严峻的历史时刻充满挑战。与一直持续的卫生医疗危机伴随而来的是一场政治危机和一场经济危机，且其程度与持续时长尚未明确，一场全球性的食品危机也似乎要发生；继失业人数和工作不稳定人数暴增之后，一场悲剧性的社会危机已经开始。在法国，自"黄马甲"运动和反退休法的社会运动以来，社会和政治气候更加恶化，未来比以往任何时候都更令人担忧。

我们不得不应对一系列挑战,而这些挑战本身是相互关联的。

1. 生存挑战

与时间的新关系

隔离就是一场禁闭,但较之掐着秒表争分夺秒地过日子,还有上班族"地铁—公司—家"三点一线地奔波,以及自由职业人群超负荷地工作,隔离也算是一种内心的解放。迄今为止,我们的生活被越来越快的时间节奏支配,现在得以被重新管理、安排并减慢速度(家庭负担过重的情况显然除外)。

但是,一旦解除隔离,我们又将继续那地狱之路吗?我们还将保持慢生活的习惯,闲逛溜达,骑车出行,享受慢餐食吗?我们会不再总想着走得更快、走得更远吗?我们会不再主次颠倒,不再把我们自身的身心发展以及同他人的情感联结让位给次要之事，甚至无用之事吗？

保持新的团结关系

这段特殊时期的无数团结互助行为将会继续保持吗？隔离期间引发的关注医护群体及社会底层人群的团结意识觉醒还将延续并加强吗？

隔离期间，我们得以更关心我们的亲人，包括地理概念上相距遥远的亲人，并与之联系交流，邻里间互帮互助也创造了一段段佳话。我们也得以时不时享受一些美好的欢愉——看看电影，读读书，听听音乐。这将有助于生活朝着和谐融洽的、充满爱与诗意的方向跃升吗？

一旦疫情结束，旧习惯恢复，这一切或将如被氯仿麻醉一般定格，再经过民间创作留在回忆里。最终，在一次次新的考验和一场场新的危机中被彻底遗忘。

2. 政治危机的挑战

对于改革和转变的期待中,还将剩下些什么?

  法兰西共和国总统埃马纽埃尔·马克龙于 2020 年 4 月 13 日发表讲话:"让我们,此时此刻,懂得跳出已有的条条框框,跳出固有的意识形态,重塑我们自己。而我会一马当先。"能否依靠公权力机关去跳出已有的条条框框,跳出固有的意识形态,重塑自我呢?当局者们将从这段经历中吸取哪些教训呢?人们甚至无法确信是否会如第二次世界大战后不久那般在政治、经济或社会上产生些许进步。

  人们也无法知道,隔离结束后,动荡的秩序是否将恢复稳定,或者反之,"不应当再同以前一样"的意识是否将激发那些有能力改革政治和经济的革新思想和政治力量跃升。

  疫情使人们对新自由主义产生了怀疑。该主义是撒切

第二章　后疫情时代的挑战

尔-里根时代以来推行种种政策的学说基础，它鼓吹把自由经济竞争作为解决任何社会问题和人类问题的办法，宣扬企业应拥有最大限度的自由，国家应发挥最低程度的作用。正是新自由主义引发公共服务私有化、医疗服务被削减及商业化、人口大规模流动、商品大量流通以及生产力外迁。但上述这一切终会在未来如谎言般被揭穿，因为在未来，富人们的财富将从人民身上"汲取"而来。这场危机已迫使那些国家放弃其预算紧缩政策，向卫生医疗、企业、无薪劳动人群大规模投入经费。曾倾向于私有化的包括医院在内的公共服务已得到加强。在曾开放的所有边境，已施行海关保护措施。所以，新自由主义仅仅是停摆而已吗？

这场巨型危机已揭示出一个国家为期数周没有能力向医护人员和民众供给口罩、防护服和物资。它还揭示出政府反应迟缓、朝令夕改，政令内容晦涩难懂，决策缺乏准备，简言之，这是十分严重的失职。因此，对于任何政治复兴而言，都存在两点必要性，且二者密不可分：脱离新自由主义，对国家进行改革。我们将在第三章谈及相关手段。

3. 危机中的全球化所带来的挑战

我们已看到这一挑战。全球化造成了一种毫无团结性的相互依赖。病毒一旦入侵，各国便复又闭关锁国，各自关闭边境。继合作之后而来的是竞争，包括对病毒治疗药剂和疫苗的研究竞争。

全球化已经支离破碎了吗？它还将重构起来吗？是完全重构，还是部分重构呢？还是以技术-经济的物质发展为唯一基础吗？之前的发展已经如此减损了团结性与共同性，难道不该对发展这一概念予以丰富扩展，使其更人性化吗？难道不该把全球化和部分去全球化相结合吗？

全球化已经导致一些国家失去经济自主性，其后果是悲剧性的。正如我们将在下一章看到的，有必要制定一些针对未知疫情的预防政策，有必要从政策上确保医疗卫生产品（药品、口罩、疫苗）及食品等相关产品最低程度的自给自足，这些或将带来或助益卫生医疗和食品领域自主权的回归，亦即部分去全球化。

第二章　后疫情时代的挑战

4. 民主危机的挑战

　　新冠疫情之前，民主在世界各地就处于危机状态，加之贪污腐败与惑众宣传大行其道，更加剧了危机的严重性。与此同时，咄咄逼人且排外的民族主义愈演愈烈。新威权主义国家（États néo-autoritaires）四处开花。

　　这场新冠疫情危机将会加剧还是应对民主所面临的挑战呢？

我们的自由受到威胁？

　　首先，限制我们的基本权利以抗击病毒，在疫情下是正当合理的，但其强制施行的方式及其潜藏的风险是存在问题的。本可以更加谨慎地采取投票方式，通过一部针对疫情的特别防疫法，而不是照搬旧例采取紧急状态；后者是在1955年出于镇压目的投票通过的，结果导致阿尔及利亚民族解放战争期间出现滥用职权的现象。

还有一些诸如禁止聚集、聚会或者严格限制出行自由的措施，显然都应当随着病毒的消失而消失。

在一个民主的社会，是否采取限制自由的措施，应当遵循判定情况的严格标准。某些紧急做出的决定未经法律咨询或议会讨论，难道不会让人担心专制制度可能复辟吗？

为了抗击恐怖主义而提出的特别措施已被保留下来。各种民主制度面临全球危机，我们的未来受到新威权主义威胁。因此，有必要担心，疫情大流行期间安装的流调追踪设备不仅会被保留，而且还会借助地理定位、智能手机跟踪、视频监控、算法侦查、人工智能等一整套系统化手段得以加强。我们应当从现在起就思考这一点。

5. 数字技术的挑战

看起来数字技术的发展已在进行中，且因为隔离而更为普及（远程办公、视频会议、即时通信、电子邮件、社交网络），并将长期持续。数字技术工具既是赋予人自由的神器，也是剥夺人自由的工具。互联网允许人们自由表达，

第二章　后疫情时代的挑战

上能使创新力在此大放异彩，下也有网络暴徒在此大放厥词。网络能给一个天才提供解密政治和军事并警示公民的可能，同时，它也能侵犯个人隐私及其神圣性，提供对个人进行监管的巨大权力。

数字化、互联网、人工智能是手段，它们往往变成管控方和不受管控方的目的，或者为二者所用。对于技术官僚和超人类主义者而言，他们或许认可借助上述手段来建立一台能处理所有问题的巨型社会机器，从而实现社会和谐。但我们应该知道，我们拥有的每一项技术都可能使我们舍弃属于精神层面的伦理道德、社会及政治问题。

6. 生态挑战

人类活动使生物圈、大气层、海洋、陆地，以及城市、江河与作物加剧恶化。

我们已经看到，在交通停运、工业停产期间，空气重回清新，自然仿佛重生。在长达数月的隔离期间，限制驾车出城使得人们弃用汽车，这或能戒除人们的驾车依赖。

我们是否还将牺牲国内航班,来鼓励人们乘坐火车呢?这场危机或能加速航空运输转型,并减少人员国内外流动。企业似乎已经乐于采用视频会议节省时间、精力和金钱。

这场危机期间,我们做到了只进行必需消费,那么,我们还将复又被铺天盖地的广告刺激,再次为消费冲动所驱使吗?

隔离期间建立的,主要是饮食方面的某些措施和习惯,或能长久保持,从而助力所谓生态转型,这或将是一场非暴力的文明革命。

7. 经济危机的挑战

新自由主义仅仅是被动摇了吗?它将不再发号施令了吗?隔离一开始,法国企业运动联盟*和金融行业就向法兰西共和国总统施加了巨大压力,为了使他放弃开创新型生态化经济的朦胧愿景,并恢复正常重回"正"轨。

---

* MEDEF,全称 Mouvement des Entreprises de France,法国最大的雇主联盟。——译者注

因隔离而瘫痪的经济将再续前路吗？目前这场全球经济危机将导致如 2008 年那般的倒退，还是如 1929 年那样的大萧条，抑或是前路未卜呢？我们将成为一场恐怕会惨烈收场的全球大危机的牺牲品吗？

如若不能调整全球经济，那么能否遏制超级资本主义的力量，改革银行体系，管控股市投机，阻止偷税漏税呢？我们将找到建立在生态复兴和社会改革相结合之新政基础上的一套经济原则，从而或将击退超级资本主义并减少不平等吗？

8. 不确定性的挑战

除却上述经济不确定性，整个未来也是不确定的。尽管如此，还是需要尝试大致预估未来的趋势与风险。我们将会看到全球化卷土重来呢，还是自给自足的闭关锁国继续进行呢？我们是在朝着民族主义抬头、主权主义获胜、国境边界关闭的方向行进吗？随着对个人进行管控和轨迹跟踪的计算机识别技术的发展，以及监控社会的到来，一些新生国家会做出让步，采取专制政体吗？

大国之间将比昔日更加对立吗？它们之间的权力关系将发生改变吗？

由于新冠疫情危机有所缓解的武装冲突未来将会激化吗？或者与此相反，未来将出现积极正面的国际合作意愿吗？

9. 出现一次大衰退的危险

目前尚不清楚这场危机前的衰退进程是否将在后疫情时代加剧，或者它是否将停止，甚至逆转为发展进程。

我们可以深切担忧的是21世纪头20年已然发生着的全面衰退还将继续。

智力与道德的衰退

20年来，我们见证了善恶二元论、单边主义、仇恨和蔑视在全世界以及法国的发展。

从大环境而言，政治已变得空无任何思想内涵，听任经济摆布；经济又臣服于新自由主义，屈服于量化、去人性化数据处理的计算，忽略发生低概率事件与预料之外的事情的可能性。

民主的衰退

上述衰退进程相互结合，导致几乎在世界各地，包括欧洲在内，诞生了一些新威权主义国家，并且如果衰退继续，我们有理由担心，包括欧洲在内，将形成一种新型的极权主义（totalitarisme）并发展壮大。20世纪的极权主义建立在专政集权的基础上，对社会的所有领域以及生活的方方面面进行控制。得益于人工智能，其信息远程监控持续完善，丰富了对民众进行治安管控和应对恶意举报的管理手段：电话监听、数字化监视、人脸识别、银行转账跟踪。如果衰退继续下去，在我看来，新威权主义国家转变为新极权主义国家（États néo-totalitaires）的情况将无法避免。

好战主义的衰退

这些非常令人不安的衰退能把我们引向一场未来可能

发生的世界大动荡。

尽管疫情暂时延缓了上述衰退,但一些战争却存在着重演的巨大危险。这些战争表面上是内战,但却曾有邻国及大国势力的介入,它们形成不同派别,彼此对立,相互交火。

拥有核武器的国家数量在增加,核武器的制造在发展,核武器不被使用的可能性越来越低。细菌武器、化学武器和信息武器的精尖程度大大提升。如同1933年后那样,一场军备竞赛已经开始。

补充一句,气候变化带来的洪水、(土地)淹没、干旱等自然灾害,加之不计其数的生物圈恶化事件,这些都只会导致人口迁移、移民排斥,进而产生迫害及战争。

死神威胁着人类

我们有可能进入一个飓风般的时代,并经历如1914年在萨拉热窝或者1939年在但泽那样的突如其来之事:一次是炸弹爆炸,另一次是一名异端分子的复仇,它们分别导致了一系列完全出乎意料的连锁反应,进而引发了两次世

第二章　后疫情时代的挑战

界大战以及大规模伤亡。

我们不知道衰退进程的持续是否将引发一场席卷全球的野蛮乱局，不知道衰退进程的持续是否将推动一些新极权主义国家的建立，也不知道衰退进程的持续是否将引起反抗以及引起何种形式的反抗。

这一切使史蒂芬·平克（Steven Pinker）盲目乐观的断言显得荒谬可笑、不值一提：他认为，我们已经进入人类历史上最和平、最幸福的时代。

新冠病毒会是我们的德尔斐神谕吗？正如赫拉克利特所言："在德尔斐发神谕的神既没有释明，也没有掩饰他的神谶，而是给出暗示让人去领会。"[①]

这场全球巨型危机的经历将激发精神之觉醒，而希望正存在于对精神觉醒的追寻之中。

改变"道路"正在成为生死攸关之事。

---

① 赫拉克利特，《残篇》（*Fragments*），第93条。

第三章

改变道路

第三章 改变道路

你若对意外的东西不抱有希望,你便不会找到它。①

——赫拉克利特

疫情已揭示出政治、经济、社会领域存在欠缺,它还增加了衰退导致的诸多巨大危险,这些使我们必须选择一条新"道路"。

为什么说是"道路"而不是通常所说的"社会规划方

---

① 赫拉克利特,《残篇》,第18条。

案"呢？因为社会规划方案是一个静态概念，完全不适用于一个处于转型中的世界。

既然我们被这种历史变化裹挟，那么，我们就在此阐述一些指导思想和建议，以期开启一条转型之路。

上一章提到的所有衰退都很有可能发生，但也仅仅是很有可能。一个大型规划方案如同酵素，能对意识觉醒和能量恢复起到催化作用。虽然反对力量强大，但是一条新"道路"在其逐渐发展的进程中甚至能够击退那些反对力量，这并非不可能。

让我们保持希望，且不盲目乐观。

我们正在经历的这场前所未有的危机促使我们明确了政治-生态-经济-社会新"道路"[①] 的几条主线，这些主线顺应改革政治的需求，顺应使社会变得更文明的需求，顺应建立一种新生人文主义的需求。

这条新"道路"包括：

- 一套国家政策；

---

① 关于该道路的详述可见我的著作《道路》，见前文引。

第三章 改变道路

- 一套文明政策；
- 一套人类政策；
- 一套地球治理政策；
- 一种新生人文主义。

1. 一套国家政策

一套新的国家政策将进行一系列切实的改革，这可能不是削减预算，而是对关乎民生的国家、民主、社会、文明进行改革。上述全部或可构成新"道路"。

该政策可能有必要采取一种协商治理的方式，由国家、公共团体、（生态、城市规划、消费及其他领域）专家顾问以及民众通过一些执行参与民主制（démocratie participative）的委员会来共同参与治理。该政策通过对生死攸关的相关问题建立意识，来呼唤民众的意识觉醒。

主权与世界性

我们首先推行一项政策，把全球化与去全球化相结合，增长与减少相结合,发展与包容相结合。这些术语并不相互对立,只有在二元逻辑中,这些概念才被封闭在你死我活、互相厮杀的二律背反中。

全球化与去全球化相结合

让我们继续全球化,同时不再把全球化局限于其曾经主导的技术-经济范围,让我们赋予其全面的含义:扩展联系及发展合作。

如此,全球化的含义更丰富且更易理解接受,这样的全球化或将包含部分的去全球化,后者或能确保一些国家实现生活和医疗物资的自给自足,满足其最基本的能源和工业需求,防治土地沙漠化;这样或将有利于当地社群和地区社群的生活、城市周边的蔬菜种植、社区附近的食品供应,以及小型商业与手工业的发展。

于是,主权主义和世界主义的关系就不再是非此即彼的二者择一了。国家不再因为民生社稷——健康医疗、食品供应、基本必需品——而依赖别国,并根据雅克·阿塔利(Jacques Attali)提出的模式,国家由此重新掌握"民生经济"主权。但是,国家或将继续参与建立一种与他国

第三章　改变道路

相互依存的团结关系，并参与到一个更文明的全球化进程中。

增长与减少相结合

所谓增长，是指涉及基本需求的经济必须保持增长。主要是公共服务方面，包括健康医疗、教育、交通运输、绿色能源、农场农业与生态农业、乡村复兴与土地复耕、社会和团结经济（l'économie sociale et solidaire）、耐用品生产、修复工艺，以及针对居住条件恶劣群体和无家可归群体的住房建设，还有更人性化的城市治理，包括大量建设停车场，以期实现城市中心步行化。

至于减少，则需逐步实施，从而减少没有实际意义的、虚幻的经济，让广告回归信息传播的本来功能，减少工业化食品的生产和存储以及一次性且不可维修产品的生产，减少汽车出行、公路运输（发挥铁路运输的作用）和航空出行，这样或将相应减少污染的危害和消费的毒害。隔离期已就上述可能性给出了很好的概括呈现。我们注意到在世界各地，包括在法国，都存在必需品生产不足的问题，这是必须要增长的；同时，还存在非必需品的过度生产，这是必须要减少的。

发展与包容相结合

西方所谓发展事实上限于技术和经济领域。对于一个西方国家如法国，发展的含义可以扩展到文化领域。但它却一心谋求增长以及一切可以量化的东西，而全然忽略无法量化的生活质量。

所谓包容，主要参考共同性与团结性。不过，如果说在隔离期间团结意识已然觉醒，那么它还正在从家庭、邻里、村镇、工作、国家缺乏团结的长期昏睡状态中走出来。

发展与包容相结合意味着物质财富的发展只有伴之以一种生活方式才有意义，这种生活方式维系着能使"小我"融入"大我"的一切：和谐共处、理解他人、友谊。

国家的统一性与多样性

对于一些国家而言，其统一性的建立基于多样性，法国就属其一。自卡佩王朝以来，法国的整个历史进程就是

第三章 改变道路

把数量众多的不同民族团结到其主权下，这些民族西自布列塔尼人，东至阿尔萨斯人，北起弗拉芒人，南抵普罗旺斯人，他们各自有自己的语言和文化。法国的统一是军事、王室联盟、谈判等共同作用的结果，最终，各省于1790年7月14日联盟节之际并入法国。

军队和战争使得来自法国各省的士兵们混到一起，从第三共和国开始的义务教育也令法国人的国家归属感自孩提时代便根深蒂固。但这也并未消除法国的地区多样性。尽管一段时期共和国曾把地方语言降级到方言层级，但在各地方文化复兴繁荣的同时，地方语言又重焕新生。地区多样性是法国统一性的财富，法国统一性是各地区多样性的财富。20世纪初以来，上述多样性还因连续涌入的移民潮的多样性而不断丰富，这些移民潮延续着随卡佩人开始的已逾千年的进程。如今，法国人口中的12%即740万人，是1900年以来移居法国的移民的后裔。基于这一点，某些人已自觉融入法国，继而对新移民采取敌视态度。

同样地，与其使国家与社群主义相对立，不如摒弃同质化的国家主义和封闭排外的社群主义，并基于建立一个"单一且多样的"法国的理念来制定任何国家政策。

国家改革：通过去官僚化和去干扰化实现行政文明化

行政病态

疫情已暴露出国家的不足：国家无法向医护人员和民众提供口罩、防护服和物资。它已显示出政府反应迟缓、朝令夕改，政令内容晦涩难懂，决策缺乏准备。

疫情还揭露出一种严重阻碍行政的官僚化的存在。它使我们看到了金融财团对国家各部门和行政机关的干扰，尤其是一些制药公司对卫生部的干扰。

要减少金融财团的干扰，只有削减其势力；对国家和公共服务去官僚化的政策能够且必须有效削弱其势力。

国家行政也遵循包括大型私企在内的其他行政机构的基本组织原则：中央集权、等级制度以及专业化。

官僚主义可被视为一种行政病态现象：过度的中央集权和过度的等级制度使得下属只能服从，进而丧失积极主动性；过度专业化把每名员工限制在其职能范围内，加剧了积极主动性的丧失。

官僚主义体现为一种刻板的领导者—执行者的两极关

第三章 改变道路

系，它把每一个人的个人责任限于其格子间内，并抑制了作为整体一分子的每个人对于整体的责任与团结。事实上，官僚主义滋生了专业化部门以外的不负责任、死气沉沉和乏味无趣。在法国，先有血液污染事件，接着是新冠疫情，这些都显示出不负责任的现象已然普遍化。这种不负责任助长了那些甚至居于国家核心机构的公务员的贪污腐败。

最后，一个高度集权的、等级森严的并把专业劳动者进行网格化细分的组织会趋于机构臃肿、缺乏活力；会对工作人员吹毛求疵，拘泥于细枝末节；会在行动中墨守成规，缺乏进取心；会对上门寻求服务的对象冷漠无情，把他们从一个办公室推到另一个办公室，从一个语音信箱推到另一个语音信箱。

重组原则

一个良好的组织需要最大程度地发挥其工作人员的才能与长处。我们已经说过，这些才能与长处会在中央集权、等级制度、专业分格的综合作用下被抑制。但是，既然无法构想出一个没有中心、不设等级、缺乏专业化能力的公共行政机构，那么，这就涉及创造和发展一些组织模式，这些模式能够整合：

- 中心主义/多中心主义/去中心主义；
- 等级制度/多头领导/无政府状态；
- 专业化/多专业化/综合能力。

中心主义与多中心主义相结合，在于把决策能力下放到各个不同的中心，每个中心就一些具体问题各司其职、各尽所能。去中心主义则意味着，在突发情况或者在危急条件下，工作人员可以拥有一定的自由度。

同样地，这或将涉及等级制度与多头领导（根据不同领域和情况的多种等级制度的多元化）相结合。此外，如果无政府状态并不意味着混乱无序，而是意味着通过个人与团体间的互动而自发形成一些组织模式，那么从这重含义而言，一部分无政府状态应当得到保护。

最后，实行专业化需先经过培训，这或将带来一种丰富知识、充实思想的文化。这种文化或能使得专业人员具备多种技能，从而能在决策过程中同负责人积极配合；至于负责人，自然应当具备更全面的能力。总而言之，专业能力应该与多种技能相结合。

在上述三种组织模式的每一种模式里，尤其是在三者

第三章 改变道路

结合的模式里，都或将创造出具有责任和自由度的空间。

上述一切都是为了使公共行政机构去官僚化且不再僵化，都是为了破除合理化这一"铁笼"的桎梏①，都是为了有助于劳动者和雇员们展现决策能力、发明创造能力和创新能力，这既有益于个人解放，也有益于公共利益。

公共行政的切实改革不能单独进行。它需要恢复的不只是行政人员或决策者的责任与团结，而且是整个社会的责任与团结。换言之，行政改革只有在人文、社会、历史等多方面的综合转型中才能彻底实现，这些转型还包括本书探讨的其他方面的改革。

经济改革

对经济寡头权力的渐进式压制

一个受新自由主义信条引导的权力机关，其决策受经济寡头们左右。他们干扰国家，使其陷入瘫痪；他们指使

---

① 马克斯·韦伯，《新教伦理与资本主义精神》（*L'Éthique protestante et l'Esprit du capitalisme*），1904—1905年。

国家颁布法律法规，对进步的法律横加阻挠；他们掌控着工农业生产、服务类经济的一些大型行业（如优步打车、亚马逊）以及数字经济（如谷歌）。

我们当然可以向其征税，但只要那些避税天堂一直存在，就将毫无成效。我们希望能取消避税天堂，但这只能由所有国家一同决定。不过，我们能够对所有已经证实的逃税行为课以重税。不过，解决办法并不在此，另有他法。

解决办法就在于削弱寡头们的权力。

要能着手削弱其权力就需要一个强有力的政府，该政府的部长们面对寡头们的施压能够不为所动，还需要一个改革后高质量、高能级的行政机关。

我们认为，这一削弱或将特别来自一种消费意识，这种意识随着消费者购物挑选行为的不断增加而增强并普及。实际上，"消费型社会"使消费者依赖于生产者，但如果消费者摆脱消费束缚，"消费型社会"也能赋予消费者掌控生产者的权力。这种新型消费主义意识或将有助于地方的、可持续的且更团结的生产。这段隔离已向我们展示出这种可能性处于何种程度。

总之，如果一种政治权力业已变得独立自主，如果公民中的大多数业已具备相关意识，那么在这两方合力推动下，金钱的力量或能逐步减弱。这一进程或将消除垄断，同时，或将更加保护自由竞争。

企业改革

依照我们在上文已分析研究的模式如中央集权、等级制度、专业化，工业企业被组织架构起来。企业组织架构改革或需遵循我们已阐述的诸原则，区别在于，如果说一个行政机构的行为是针对一项政府决策或一部法律，那么一家企业的行为则是针对其在一个具有竞争性与随机性的环境中的收益率。改革势在必行，更何况改革需要各个层面的适应、调整与创新。军事化管理的企业对于其员工而言是奴役式的强制，但一家充满人性化关怀的企业或将被其雇员和劳动者们视作生死与共的命运共同体，而这或将不仅提升企业的业绩，而且改善员工的生活条件。

这正是社会和团结经济的企业家们、公民企业家们以及肩负（扶持地方生产商和健康食品生产商）使命的企业家们所遵循的改革方向。

但不合时宜的是，主要由于激烈的国际竞争，企业对领薪者的组织约束严苛，引发工作事故、抑郁、职业倦怠和自杀等问题。部分去全球化将使一定数量的企业摆脱激烈的国际竞争，从而相应放宽对领薪者的上述约束，这或将减轻后者所承受的巨大压力。

民主改革：参与式民主

议会民主虽然必不可少，但是还不够完善。在政治思维扁平化的地方，在无力应对星球时代巨大挑战的地方，在出现贪污腐败和公民冷漠的地方，议会民主正在失去生命力。

或许应当设想和建立参与式民主的多种模式。同时，助力公民觉醒或将是有用的，因为觉醒本身也或与政治思想的新生密不可分。同样地，增设平民高校也或将有用，因为这些高校或将给公民讲授政治、社会、经济和法律等学科的基础入门知识。

参与式民主的创建基于一系列代表委员会议。鉴于民主不充分的现状，我们应当重新考虑在各种层面设立代表委员会。

在国家层面：

第三章 改变道路

• 设立一个由科学家、抽签选出的公民代表、国家代表组成的"生态委员会",该委员会或能研究分析并提出一系列生态和社会大规模改革的方案。

• 依照同样原则,设立一个"未来委员会",该委员会或能研究分析科学探索与革新的后果,更宽泛地说,提出一些展望未来的假设。

• 设立一个"全年龄段委员会",该委员会或能研究分析年轻人和老年人的生活条件,并形成建议。

在地方层面,我们可以从譬如巴西阿雷格里港(该城的公民们参与审查市政府预算)等各种不同经验中吸取教训。我们希望在法国设立一些市镇级别的公民委员会,这些委员会或将就一些会引起争议的项目(高速公路、水坝、污染型工厂的设施、砍伐森林)进行公开辩论。市镇级委员会可以采取公民评委会的形式,就涉及公共利益或有危害的项目,听取当选者和专家们的意见。

参与式民主还可以实现在地方一级讨论一些涉及国家利益甚至全球利益的问题。不过,参与式民主自身也存在一定风险:比如,女性、老人、年轻人和外来移民可能不参与其中;再如,它可能被一个或一些政党渗透;又如,它可能实际上被一些空喊口号不干实事之流领导。参与式民主的建立旨在恢复一种公民生命力，但它无法自发地造就一些积极主动、见多识广的公民。参与式民主需要时间去深入人心，去让人们学习适应。在基层，涌动着如此多的善意却没有得以充分彰显，而参与式民主的建立将在基层重振共同一致、紧密团结、勇担责任的公民意识。

生态政治

绿色新政

建立生态政治或环保政治已成为当务之急，其范围或将主要涉及：

- 消除污染能源，并用清洁能源进行替代；
- 减少城市污染（设立步行区，普及有轨交通，发展生态街区）；
- 修复土壤，减少农产品污染，逐步减少工业化畜牧业，发展农场农业和生态农业；
- 提升生活卫生水平和食品安全；
- 用生物可降解材料替代不可降解、不变质的污染材料

第三章　改变道路

（如塑料）；

- 在向循环经济转变的同时，进行垃圾回收利用；
- 封存或销毁有毒有害工业垃圾；
- 恢复地区级铁路线，对于1 500公里以内的距离，鼓励用高速列车替代飞机出行，从而重振铁路交通；
- 让一部分航空和汽车工厂生产转型，助力铁路行业重振。

通过或将再次提振经济活力与就业的准新政大型项目，通过发展一种理性取舍的消费观，以及通过本章其他部分讨论的诸多举措，上述一切或得以推行。

对改革思想的改革

我们说过，应该摈弃暴力革命的想法。我们建议采取一条循序渐进的道路，其遵循的新政治根植于旧时的人文主义文化及法兰西共和国"自由、平等、博爱"三原则的复兴。这三项之间既互补又对立，因而，一种政治思想必须不断应对调整，把优先权时而赋予这一项，时而赋予那一项。事实上，如果只有"自由"，就可能破坏"平等"，而强加的"平等"又可能破坏"自由"；"博爱"只能被

"当权者"激发，但"博爱"又取决于公民，并且"博爱"又有助于"平等"和"自由"。"自由、平等、博爱"三位一体能为一种政治奠定共和与民主的基础，这种政治或将汲取下列四种思想源泉：

• 社会主义思想源泉，旨在通过促进团结和拒绝利益至上来改善社会；

• 自由主义思想源泉，旨在实现个体的独立自主与身心健康发展；

• 共产主义思想源泉，旨在在人类关系中践行博爱；

• 生态学思想源泉，其重要性已于1970年显现出来，它应当被贯彻到任何政治中。

新的政治思想应该重新与这些思想源泉紧密结合。不返回到这些思想源泉，就不会有进步。

我们正在经历的这场巨型危机已经唤醒了我们对一种新的政治思想的诉求。

如果说马克思是求索一种政治思想的典范，其政治思想建立在一套认知理论、一套世界观、一套人类观、一套历史观和一套社会-经济观的综合基础之上，那么，正应该借鉴20世纪和21世纪的科学、历史经验对上述基础进行

第三章　改变道路

重新思考。

这场政治思想的改革也会引发对思想自身的改革；正如我们在第一章的那些教训中所见，精神会不自觉地服从于一种化繁为简、化整为零的认知原则，并把密不可分或通过相互作用影响而关联起来的东西（如个体的与社会的、天然的与后天培养的）割裂开来。因此，思想改革需要伴之以一项对教育进行再教育的政策[1]。

社会的改革

减少不平等

我们的社会经受着日益加剧的诸多不平等。减少这些不平等可以通过对炒股投机行为征税、对高收入人群加税（如果逃税会被施以重刑）、运用财产税或遗产税手段，以及对低收入人群降税[2]来实现。减少不平等还可以通过提升那些

---

[1] 埃德加·莫兰，《未来教育所必需的七种知识》，见前文引；《聪明的头脑》(La Tête bien faite)，瑟伊出版社，1999年；《生活教导》(Enseigner à vivre)，南方文献出版社（Actes Sud），2014年。

[2] 不能够避开对全民基本收入概念的研究。

受歧视行业工作者的价值来实现，如道路清洁工、搬运工、护士、收银员、话务员，这些行业工作者在隔离期间已显示出其关键性。减少不平等还可以通过恢复和加强对疾病、意外、失业的保障来实现。如我们前文所建议的，还可以通过推行生态-社会大型工程的政策来创造就业，从而减少不平等。最后，减少不平等还可以通过伟大的团结政策来推动。

团结政策

福利国家的团结单凭各类保障和保险还不够，因为它是非个性化的和标准化的。人们需要一种个人对个人、群体对个人、个人对群体的具体的且真实经历过的团结。在每个人身上都存在一种团结的潜质[1]，它会在类似我们刚刚经历过的那些特殊处境中展现出来，并且，在一小部分人身上还始终存在一种慷慨利他的冲动。因此，所谓团结政策，

---

[1] 根据我们的"个人-主体"概念，任何人类主体身上都包含两个准程序系统。一个是以自我为中心的自我肯定准程序系统，该系统由"小我"来表达，对于自我供给、自我保护和自我发展角度而言，该系统至关重要；另一个是"大我"准程序系统，它把"小我"载入与其家庭、祖国、宗教、党派的情感关系或共同体关系中。在我们的文明中，第一个系统已过度发展，而第二个系统还发展不足。不过，后者只是处于沉睡状态，我们要做的就是去唤醒它，激励它。

第三章 改变道路

并不是去颁布团结政令，而是去鼓励人们发挥善意的力量，释放那些没有充分彰显的善意，并鼓励人们的团结举动。

在密特朗执政时期，我们曾提议建立一些"团结之家"的试点，进而在城市和街区推广普及。"团结之家"里有一个危机中心，专为任何处于困苦中的人提供应急救助，并配有一个由团结主义志愿者和专业人士组成的团队，他们能随时就位，满足除医疗急救或警力救助所负责范围外的任何需求。由此，市级警力的社会团结使命或能更加凸显。

我们曾经（且现在依然）是公民服役制度的支持者，该制度鼓励年满18岁的青年服役一年，其间不仅救助遭遇困苦的个人或家庭，而且救助包括欧洲邻国和北非的遭受人类灾难或自然灾害的受害者。

同时，新"道路"或将有利于社会和团结经济，该经济或将以一些新形式延续互助经济的发展：它或将支持那些基于地方团结或反过来激发地方团结的创举，并对合作社和协会进行非营利培训，以确保为周边提供社会服务。

最后，不仅要团结遭遇不幸、生活贫穷、处境艰难的人群，也同样应该团结外来移民。

2019年，全世界有2.7亿移民，其中包括8 200万为躲避（阿富汗、中东、苏丹）战乱冲突、饥荒和贫困逃来欧洲的难民。移民毫不排挤当地劳动力，他们还常常在被无情压榨（打黑工、赚取极低工资）的条件下，接受当地劳动力普遍嫌弃的又脏又累的底层工作。如今在法国，对于例如餐饮业的众多同业者而言，雇用无身份证件的非法移民在所难免。

此外，实际已经融入法国两、三代的移民已经构成国家人口坚实稳固的一部分，并为法国带来了一笔文化多样性的宝贵财富。

尽管如此，种族主义者和排外主义者的优越感依然如故，不断增长的不确定性和经济困难引发新的恐慌，增加了杞人忧天的臆想式担忧，比如担忧国家身份丧失，比如担忧"法国人民被阿拉伯游牧民族大规模取代"[1]。然而

---

[1] 对于一个笃信自身信仰和习俗礼仪来生活的封闭民族而言，关于外来人口进入其领土定居的问题，确实存在一条不可逾越的容忍底线。但是，对于一个依照多元论价值观来生活，具有批判和怀疑精神，并秉持普遍主义的现代国家，若（就外来人口定居问题）还存在一条容忍底线，恐怕是无法想象的。然而，如今人们的反移民反应不仅源于我已言及的业已增加的焦虑，而且还源于一种意识的滞后，这种意识就是法国之谓一个多元文化的法国，既因其各省各民族构成的多元文化，更因由非洲、亚洲和马格里布地区的移民带来的多元文化。

第三章　改变道路

并没有任何迹象显示某种侵入在抬头，一场社会、思想大动荡引发出自欺欺人式担忧，裹挟着公权力采取逆历史潮流的、驱逐（外来人口）的严酷措施。共和政体的法国从未对极右势力歇斯底里的反移民主张让步，却在实施一项拒绝（外来人口）政策之际，失去其热情好客的国家形象。

该政策引发了针对亚洲和非洲新近移民潮的驱逐、孤立隔离、警方暴力执法和民众普遍漠视，但仅仅有个别人道主义组织致力于帮助他们。加之，新冠疫情危机使得无身份证件的非法移民以及无家可归者的生活遭受重创。因此，也需要唤醒人类的团结意识。

团结与责任的社会学真理

在一个成员们自由的社会里，团结与责任是至关重要的必要条件：社会越自由，秩序的强制约束就越减少，与自由密不可分的无秩序就越增加，社会复杂性也越增强。但是，极度无秩序会造成毁灭，且复杂性会恶化为分裂。能使自由既免受秩序的强制约束，又免遭无秩序所致分裂的唯一法宝，就是共同体的成员们心中始终葆有对该共同体的归属感和责任感。于是，无数个体的团结与责任的个人伦理便会成为一种社会伦理，从而维持一个自由社会的运转与发展。

这一伦理（且任何伦理的源泉都是团结与责任[①]）或将助力社会再人道化，助力公民责任感的新生，而这与民主的新生密不可分。

2. 一套文明政策

西方文明具有积极性和消极性，二者既互补又对立。实施文明政策，或将在发展我们文明的积极性的同时，弱化其日益增长的消极性。

我们文明的罪恶

城市、技术、国家、工业、资本主义和个人主义的综合发展是文明产生的因素，且使其得到充分发展，但同时

[①] 参见《方法》第六卷《伦理》(Éthique)，瑟伊出版社，2005年。

第三章 改变道路

又从内部对其进行蚕食。结果，在我们继续享受发展红利的同时，其负面影响也在不停扩大。

我们文明所遭受的罪恶，正是个人化、技术化、货币化、资本主义、发展和社会福利所展现出来的负面。

正如我们所见，自我中心主义把眼界格局降至个人利益层面，进而瓦解整个团体的智识水平；自我中心主义与工作分格相结合会导致归属感弱化，继而导致责任感弱化。

责任感弱化会滋生自我中心主义，继而导致品德不端（即道德恶化）；责任感弱化和品德不端又会导致责任感丧失和道德沦丧的蔓延。

就个人自主、个人自由和个人责任而言，个人化既是其因，也是其果；而个人化的负面作用是导致原有团结性的恶化[1]，造成人际分化，弱化对他人的责任感，滋生自我中心主义。

---

[1] 传统团结的瓦解并没有引发官官相护之外的新型团结的形成。当然，国家承担着越来越多的团结职能，但其方式方法是非个性化的、非个人的、滞后的。依据奥克塔维奥·帕斯（Octavio Paz）的表述，它已变成一个"慈善的无底洞"（ogre philanthropique）。保障型国家越来越必不可少，同时它也导致了实际团结的恶化。

人类机器

技术使人类得以通过机器来征服并利用自然能源。但也是技术使得人类受制于人工机器的程式化的、机械的、专业化的、计时掐点的逻辑。存在于企业、办公室、城市生活、休闲娱乐里的工业机器的逻辑规定着一些规范化的、非个人的标准，而这正是亲善舒畅的人情味多多少少抵抗的。人工机器的逻辑已经使得看门人、治安警察、火车站工作人员、列车员、地铁职员、公路收费员、停车场收费员以及某些大型超市收银员等岗位大大缩减。并且，该逻辑还趋于把社会变成一台庞大的自动机器，这便是人工智能发展至极的产物。工业发展既（对于顾客而言）创造舒适安逸，也（对于劳动者而言）带来烦恼焦虑，工业发展的负面作用会在今后构成两种威胁：一种源自生态学意义的生活环境恶化；另一种源自社会学意义的生活质量恶化。

生产、贸易、流通的发展导致了商品化的普及，包括老年接待护理机构的老人和商业医院的病人们也被商品化了，那里原本洋溢着的互助、团结之情和物品共有、服务

第三章　改变道路

免费之义，连同亲善舒畅的人情味一起被大大削减。市场在任何情况下都以利益计算为先，并相应程度地破坏了团结。货币化的负面就是仅仅为了生存就需要越来越多的金钱，并缩减免费服务的份额，减少慈善捐赠，换言之，就是缩减情谊和博爱的比重。

村镇人口减少，景象荒芜；受工业化农业影响，土地恶化；工业化农业产出的食品既没有滋味，又缺乏营养。城市也遭受着千城一面的非个性化的荼毒。市区上班—郊区睡觉的模式在各地蔓延。旧式街区渐渐消亡，千篇一律的居民小区成倍增加。冷漠严肃的门卫保安取代了热情友好的门房大爷。周边的小商铺慢慢消失不见。速冻食品、大型超市、网络通话减少了人们在商业街面对面买卖交流的机会，也破坏了商家和顾客之间的信任关系，就连街里街坊那些张家长李家短的闲话也几乎消失殆尽。除此之外，还有汽车出行导致的窒息感，而汽车出行本身不仅限制了人与人交流的社交性，而且既容易引发路怒症，又会影响肺部健康，令我们身心俱损。

蔓延开来的躁动不安

在技术-经济-工业的持续发展中，我们文明的特征也表现为各种需求的不断增长，其中包括能源需求的增长。而我们才刚开始意识到我们的消费存在着挥霍和浪费，并意识到这种消费会导致一些方面恶化。城市污染、工业化食品质量低下、消费异化会导致我们文明恶化。

合理化改革把机器逻辑应用于人类，增加了生活的定时化和机械化。

内部的躁动不安会干扰外部的安乐祥和。生活质量的降低会影响生活水平的提升。

这种普遍的躁动不安已蔓延开来，间歇发作，方式不一。但是那些青年暴乱，继而于2018年、2019年在世界和法国发生的无数暴乱，正以一种愈加强烈的方式揭示其存在。

因此，有必要实施一套文明政策，从而提升民主、个人自主以及美好生活的本来质量，减少因利益集团的放纵而造成的恶行抬头，避免团结因受到普遍存在的工作分格的影响，以及受到实为利己主义的个人主义的负面影响而消失。

为了生活质量

文明遭受的诸多毒害，其中包括消费主义的毒害和对

第三章　改变道路

汽车的依赖，大大造成了生态的恶化，并相应造成了生活环境的恶化。一套文明政策或将包含一项应对文明遭受"毒害"的预防行动，为了反对挥霍浪费，该行动或将鼓励对物品进行循环使用和修理，拒绝使用一次性物品。摒弃消费主义并不意味着节衣缩食，而是意味着取用有度。而所谓取用有度，就是避免过度的节庆、宴会和纪念活动，不再用密集的浪漫诗意去刻意顿挫地吟诵日常生活这篇实则平淡的散文。这涉及用"质量为先"替代"数量为先"；不再一味追求更多，而是应该追求更好。

这套改革政策当然需要数额可观的开支：大规模的市政工程、交通运输（公路铁路联运）和居住条件改善方面的巨额投资。这些开支不仅可能在失业期间，尤其是在隔离引发失业之后重启经济活动，而且从长远角度来看，还可能催生众多健康经济。在上述改革影响下，哮喘、支气管炎、乏力等实属社会-心理-生理的病痛大幅减少，因此，抗抑郁药物、麻醉药、安眠药等的消耗也会大幅减少，于是，生活质量的提升或将相应导致公共卫生健康预算的持续减少。最终，给提升生活质量赋予政策意义，或将为实现更好的明天开启希望的大门。

生活质量表现为生存意义上的且不仅是物质意义上的舒适安逸，它还包含与他人关系的质量以及温情脉脉的情感投入所带来的诗意。

"真正的生活"

当然，政治无法创造个人幸福。不要再相信政治的目标是幸福。政治能够且应当消除那些产生不幸的公共原因（战争、饥荒、迫害）。政治无法创造幸福，但它能够鼓励和促进每个人诗意地生活①，也就是身心愉悦且气氛融洽地生活。

文明政策必须充分意识到人类对诗意的需求。文明政策应当致力于减轻限制、约束和孤独感，致力于抵抗来自散文式平淡生活的阴郁心情的袭扰，从而使人类得以展现其诗意生活的天分。

---

① 散文式的平淡生活和诗意的浪漫生活是我们生活的正负两极，彼此互为必需；如果没有散文式的平淡生活，也就没有诗意的浪漫生活。一种可以将我们置于务实且实用的状态，且其目的性就是务实且实用。另一种则可以与一些浓情蜜意的、博爱友善的目的性相关联，但它也有其自身独有的目的性。诗意地生活，就是为了生活而生活。

第三章 改变道路

我们文明的个人主义特点激发人们向往"真正的生活",并让这种向往之情变得日益浓厚;同时,这份向往受限于诸多制约因素,并朝着幻想和休闲的方向分流,于是衍生出一种逃离经济,致力于提供寻找"真正的生活"的休闲服务。如采用交友俱乐部、休闲俱乐部、度假俱乐部、旅行社、乡村民宿等方式,为客户提供体验这种别样生活的条件。这既有对诗意的"真正的生活"的呼唤,也有对"真正的生活"的误读曲解。如此这般的种种矛盾心理,如此这般的千愁万绪,所有这一切既像消遣,又似娱乐,既近乎避世逃离,又如神话幻想般归真返璞、寻找本心;不过同时,所有这一切又能使人体验"真正的生活"的一些片段、时刻和经历。

最后,文明政策力求在适合生活之诗意的一种文明中助力提升亲善舒畅的、温情友好的人际关系,如此,"小我"便能在"大我"中身心健康地发展[1]。

文明政策促进生态政策,生态政策促进文明政策。文

---

[1] 米歇尔·马菲索利(Michel Maffesoli)恰已指出共同体需求,并将其命名为"(新)部落主义"。但是他错误地认为该部落主义否定个人主义,然而该部落主义顺应个人身心健康发展的需求。

明政策促进人类政策,人类政策促进文明政策。国家政策促进人类政策,人类政策增强国家生命力。所有这些改革道路,相互作用,彼此促进,或能整合起来构筑新的"道路"。

现在我们能够明确文明政策的意义:通过一种思想和一系列行动来应对政治、国家、民主、社会、文明、思想的退化和去人性化问题,以期实现上述各方面的新生和文明化。

3. 一套人类政策

个人之于人类共同体的归属意识

一套人类政策或将给每个国家赋予人类共同体的意义。该政策要求每个国家的学校教育都使公民树立自己之于人类的归属意识(而且,这还或将防止排外主义和种族主义)。

我们应当记住,这个世界曾与我们每一个人朝夕相处,它不仅通过那些讯息,也通过哥伦比亚咖啡、中国茶叶、埃及香蕉、橙子和棉布衬衫,以及苏格兰线袜、澳大利亚

第三章 改变道路

羊毛衫、日本小汽车、冰岛鳕鱼、马达加斯加黑虎虾、苏格兰威士忌与我们发生连接。就连我们吃的地中海番茄和阿基坦玉米都源自墨西哥，还有我们吃的本地土豆其实最早源自秘鲁。

我们离不开这个世界，正如它离不开我们。然而，我们发现这个世界正处于危机之中。

一套人类政策或将包括稳固、维护人类统一性与多样性的问题：人类统一性的财富是人类多样性，人类多样性的财富是人类统一性。该政策或将重视保护受到同质化和标准化威胁的各种文化。

一套人类政策或将使西方文明中的精华同其他文明的丰硕成果紧密结合；就这一意义而言，该政策包容而非消除多样文明，它或将成为一套全球的新文明政策。

西方文明应当传播其精华：人文主义传统、批判性思维和自我批判性思维、民主原则、人权和女权思想。同时，西方文明也应当摒弃其傲慢自大。传统文明在吸收西方文明精华的同时，还保持着它们应当保持的一种与自然界的关系、一种融入宇宙的观念以及一些与共同体的社会关联。

全球化应当改革。其技术-经济的本质特点不仅通过反作用力引发了国家主义、民族和宗教的封闭退缩,而且还创造了普遍的却又毫无团结性的相互依赖,疫情大流行到来之际,各国闭关锁国,业已充分展现了这一点。

在前文的国家政策中,我们已列出三点原则:全球化与去全球化、增长与减少、发展与包容。在此,它们也适用于全球范围。

在最后一点即发展与包容相结合的原则中,必须考虑到,在将西方个人主义引入父权制社会的同时,发展也会带来自由,例如年轻人的择偶自由和择业自由。发展将西方资本主义的现代性引入父权制社会中,二者结合共生。过去,发展常常使金钱权力要么加入封建权力,要么取代封建权力。发展还尤其破坏了传统模式的团结,破坏了贫困百姓曾赖以生存的多种作物种植,使得身处大城市郊区或贫民窟的他们身无分文。发展曾解救部分贫困人群脱离贫困,但它也常常把贫困变成苦难。

因此,应当通过发展来保留并发挥一切能创造福利、健康和自由的东西,并将其与一切能保护共同体和团结性的东西联系起来。

　　这套人类政策也是全球范围内的一套人类政策，该政策或不仅应调动物质资源，还应动员所谓发达国家的青年投身于一项全球公民服务，该服务或将替代兵役，旨在实地帮助那些有需求的人口。

　　一套人类政策或应带来对世界技术-经济脱缰式发展的调整，这或将意味着一种高于现今联合国各机构组织的世界操控权。

　　经过各国同意，该人类政策或能有效取缔避税天堂，并借此最大限度地限制税收外逃。同样，它还可能通过在全球范围内废除禁令，形成类似烟酒交易的自由渠道，使贩毒团伙无法通过猖獗走私牟取暴利，从而清除其庞大财力。

　　疫情危机后，跨国公司可能变得更加重要，人类政策或可考虑对其进行管控。

　　人类政策或应首先力求停止进行中的各类冲突，并且相应地，力求停止军备竞赛。它还或应力求消除核武器。（我们知道，目前这些都是一厢情愿的想法。但或许，在面临生死之渊时，我们将会得救。）

如果不进行一次联合国改革,或者如果不建立一些新的具有行政权的全球管辖机构,这一切显然都将无法实现。这首先需要命运共同体的意识在全人类范围深入人心。

为何不能立刻考虑组建一个意识良知全球委员会呢?委员会由非宗教人士和宗教人士组成,每位委员都具有道德或精神层面的威望,并且都首要关注人类命运。

对外来移民的保护及其权利

我们已经提过,2019年,全世界有2.7亿移民,其中为躲避战乱和饥荒的难民有2 600万人,其他有些是为了躲避贫困和苦难。还有一批是高知移民(医生、工程师、高学历者),他们从非洲移民到欧洲,或从欧洲移民到美国和加拿大。

最大的移民潮涌向加拿大、澳大利亚、沙特阿拉伯(移民为其提供80%的劳动力)及其他产油国。

希望联合国能够发布一项移民权利宣言,并向国际法庭列出可能遭受制裁的任何侵犯上述权利的行为,其中包括暴力、集中禁闭、驱逐无移入国住所担保的外国人。

难道不应该把给予商品的自由流通权也给予人类吗？这难道不是清除那些组织非法移民偷渡并致其死亡的罪恶团伙的唯一办法吗？

联合国的一个特别机构或将研究移民问题，尤其是预判未来可能的移民潮。在未来，气候变暖加剧或将产生移民潮；缺水、洪水导致生活环境恶化，引发多种骚乱，或将产生移民潮；当前在中东和亚洲的冲突极有可能升级，也或将产生移民潮。西伯利亚和加拿大的气候变暖或能为从南方北上的移民提供庇护之地、工作之所，并或将使这些土地变得肥沃繁茂，当然，这一切都是基于不侵犯当地居民权利的情况下。

对早期民族的保护

在除欧洲外的所有大陆上，都存在着无数古老民族（此处"古老"一词既指"远古的"也指"早期的"），它们已被并入现代国家，又各有鲜明的身份特征、语言、传说和信仰，数百人组成一个个社会。这些狩猎-采摘的社会是早期智人的最后证据，他们曾在史前散居全球长达数十万年；6 000 年至 8 000 年前出现的那些历史社会形成了国家，建立了军队，发展了农业，建造了城市，并拥有强大的技术手段，在这些社会的扩张过程中，早期智人便灭绝了。

这样的族群灭绝进程已不断加速并扩大，并蔓延全球，如今只在深山老林、戈壁荒漠还仅存早期人类的一些遗迹，一切都证明他们已经消亡。

所以，这都是些分散的、没有防御力量的小国家、小民族、小种族。在它们身上，列维-布留尔（Lévy-Bruhl）只看到了神秘信仰和巫术的思想，并认为这种思想幼稚蒙昧且缺乏理性。与他的观点相反，它们拥有一种实用技术的理性思想，这使它们能够制作弓、箭、吹管，能够运用缜密的策略捕获猎物，能够识别植物的品种和功效，拿来食用或药用。它们有神话、幻想，我们也有别的神话、幻想，它们和我们一样，也没有把象征-神话-巫术的思想与理性-技术-实用的思想混为一谈，而是相互结合。

这些早期民族拥有我们闻所未闻的丰富知识和本领，民族药理学家们才开始对其进行研究。它们之所以没有我们这套个人主义，是因为它们每个个体都能充分发挥其视

第三章　改变道路

觉、听觉、嗅觉、触觉等感官特长。那里的男男女女都多才多艺。男人会砍削剪裁制作各种工具，还会制造武器和投枪；能发现猎物的踪迹，进行围捕并宰杀；还会建造房屋，并给自己的孩子做玩具。女人负责照管孩子，采摘可作为食物或饲料的植物，做饭，制作陶器、布料和首饰。

在我们这个西化的世界里，技术和专业化的发展削弱了我们的感官特长，并抑制了我们朝着多才多艺的方向全面发展，如今这种全面技能只有在那些喜欢自己动手修修弄弄的人身上才能找到。

我们的文明业已取得巨大成就，它不应使我们忽视已经丧失的团结性和共同性所具有的重要意义，也不应掩盖我们的那些野蛮行为，这些行为在文化上和身体上继续摧残毁灭着我们的手足同胞，他们的年龄与我们的父母兄长相仿。

这些人被强迫脱离自己的文化，他们的圣物被传教士们毁掉，他们被迫穿上衣服，敬拜十字架，于是他们像火地岛的阿拉卡卢夫人或亚马孙人那样，任由生命逝去。

美国和加拿大的幸存原住民通过结盟和抵抗的方式，

至少得以守护住他们自己的身份和部分文化。至于亚马孙人，尽管法律承认其领土，但自巴西新任总统就职以来，他们就遭到了灭绝。尤其是新冠病毒还能够在这些早期民族间十分快速地传播，因为它们鲜有免疫防护手段来抵御此类病毒。

4. 一套地球治理政策

全球水治理政策

我们已在屏幕上看到，隔离期间水变得清澈了，因污染产生的雾霾消散了，空气变得纯净了，蜂巢里的蜂蜜更多了，动物们重获自由，大自然重焕新生。

这使我们确信不可重走技术-经济脱缰式发展的老路，因为这曾导致生物圈的环境恶化日益严重。这让我们确信，从生态和人类角度而言，有必要快速淘汰所有污染能源，大力发展风能、太阳能、潮汐能、地热能等能源，有必要逐步减少造成城市、农村、水体污染及毒性的源头。

应当考虑推出一项全球水治理政策。工业化农业的大规模用水、工业化畜牧业排污导致的含水层污染、城市和工业有毒有害垃圾和废料造成江河湖海的污染，这一切都把最平常的物资转变成稀缺物资。水资源商业化把人人可免费使用的物资转变成付费物资。地区性干旱和全球气候变暖把水变成各国的一种关键物资。在如中东等局势紧张、冲突不断的地区，水资源的稀缺性使其成为一种地缘政治物资。

全球清洁能源和垃圾处理政策

我们可以在全球范围采取和推广我们在法国框架下已提出的生态政治诸建议。这项规模庞大的调整转向不应当突然打击那些石油输出国，而应当向其提供必要帮助，在其干旱地区引进利用太阳能的技术设施，在其潮湿地区引进利用水利能源的技术设施。

每个国家都应当鼓励个人和专业化企业参与垃圾循环利用，而不应通过焚烧的方式来销毁垃圾，尤其不应任由其污染自身领土。应当出台一项全球政策，净化海洋与跨国河流，并修复因工业化农业污染而贫瘠的广阔土地。

与这颗星球休戚与共

最后，必须继续并扩大《巴黎协定》之后刚刚开始的努力。该协议是一项共识协议，或将由联合国主持承担，其内容乃围绕一项关于地球的伟大政治宪章。基于该协议，各国或应负责在自身领土实施相关政策。该协议涉及重建地球动物、植物和农业的生物多样性（因为正是小麦的基因多样性使得抗性秧苗可以茁壮生长，从而避免破坏性流行病虫害的危害）。在此，我们再次发现有必要减少工业化农业、工业化畜牧业，以及有必要发展农场农业和生态农业。

在生机勃勃的自然与人类的发展历程之间存在着地球命运共同体，该共同体意识的树立应当成为我们当今时代的一件大事：我们应当感觉到与这颗星球休戚与共，因为我们的生命与这颗星球的存在相关联；我们不仅应该治理它，而且应该珍惜它；我们应当认识到我们（与地球之间）的生物亲缘关系和本体亲缘关系；这是必须恢复的脐带联系。

我们在经历一个悖论：转变越必不可少，就越发艰难。这就意味着转变需要恒心与勇气。

5. 一种新生人文主义

人类复杂性

新生人文主义摈弃把人准神化的人文主义，后者旨在征服和主宰自然。新生人文主义承认由各种矛盾构成的人类复杂性。新生人文主义承认我们的动物性以及我们与自然的脐带联系，但是它也承认我们的精神与文化特性。它承认我们的脆弱、我们的不稳定、我们的狂热，承认杀戮、酷刑和奴隶制的无耻；它承认我们思想的清晰与盲目，也承认各类艺术杰作的崇高与卓越；它承认技术创造出的作品巧夺天工，也承认同样的技术会带来满目疮痍。人既是智人（*homo sapiens*），也是狂徒（*homo demens*）；既是造物的人（*homo faber*），也是神话中的人（*homo mythologicus*）；既是经济活动中的人（homo economicus），也是游戏中的人（homo ludens）*，换言之，人是复杂的人（homo complexus）。对此，帕斯卡尔曾果断表述："人是怎样的一个怪物啊？人是多么的新奇，多么的怪异，又多么的混乱，人是多么矛盾的主体，多么神奇的存在！人是万物的审判者，又如愚蠢的蚯蚓；人是真理的掌握者，又是不确定性和差错的渊薮；人是宇宙荣光，也是世间败类。谁将理清这一团乱麻呢？"①

在承认人是"复杂的人"的同时，新生人文主义明白必须不断地把理性和激情相结合，明白人的感性能导致爱或恨、勇气或恐惧，明白单靠冰冷的理性是不近人情的，明白技术能带来最好的与最坏的，明白人的精神世界将不停地创造一些神话并成为其奴仆；新生人文主义还明白，即使我们的文明中经济利益过度膨胀，但因有免费、游戏和激情的存在，经济利益也不会完全占据统治地位。

这就意味着任何政治艺术同任何人文主义的希望一样，

---

* 可参见荷兰语言学家和历史学家约翰·赫伊津哈（Johan Huizinga）所著《游戏的人》（Homo ludens）。——译者注

① 《思想录》之《人的双重性》（La double condition de l'homme），见前文引。

第三章 改变道路

都应当考虑到人的模糊性、不稳定性和易变性。

个人改革与伦理重生

我们不应当想着把人变成完人或者准神。但是我们可以尝试发展其身上更好的方面，亦即其在责任与团结方面的特性。

责任与团结不仅对政治和社会而言是迫切需要的，而且对个人而言也绝对必要。那时，人们就或将明白社会改革与个人改革密不可分。甘地曾写道："让我们成为我们想在世界上看到的变化。"然而，我们中的很多人生活在想法利他与行为自私的完全割裂中。如果人人自身就不是宽容的、友好的、团结的，那么，我们又何以通往一个宽容的、友好的、团结的世界呢？如果人人依然自私、自负，嫉妒他人又满嘴谎话，我们又如何建立一个人际关系向好的世界呢？

我们可以列出个人改革的如下必要事项：

• 依照综合不同知识的复合型认知来认知，以对本质问题和整体问题构建认识；

- 依照感性的理性方式来思考，进行理性与激情永恒辩证的思辨；
- 依照责任与团结为首要伦理要求来行事；
- 依照对爱、融洽和审美魅力的诗意需求来生活。

总而言之，人文主义诸目标必须在每个人身上都实现。

人类身份：统一性与多样性

人文主义的第一特征已由蒙田提出："我把所有人视为我的同胞。"[1] 这是对他人全部人性品质的承认。

这条人类共同身份原则实际上并未普及。那些被殖民的人民、受剥削者、女性曾被视作下等人或未进入成人阶段的幼稚人群。如今，我们应当使该原则成为一条具体的普遍原则。

新生人文主义不局限于承认人类统一性。它把人类的统一性与多样性联系起来。所有人在遗传学、解剖学、生理学、情感、精神心理上都是相似的，但同时，他们在遗传学、解剖学、生理学、情感、精神心理上又都是不同的。

---

[1] 《随笔集》(*Essais*)，1580年。

第三章 改变道路

所有文化都具备一种结构相同（即两重连接*）的言语（langage）。每种文化又有其自己的语言（langue）。所有文化都有一些风俗、习惯、礼仪、信仰、音乐和审美，但是它们在每种文化中又都是独一无二的。

新生人文主义的第二特征是促进"小我"与"大我"之间的永恒辩证关系，鼓励把个人身心发展与融入共同体联系起来，促使人们寻找"小我"得以在"大我"中身心健康发展的条件，以及"大我"能够允许"小我"身心健康发展的条件。

感性的理性

新生人文主义的精神基石是感性又复杂的理性。

我们必须放弃将认知和行动归为量化计算的做法，我们必须摈弃无条件服从排中律的冰冷理性。

不仅要遵循"没有激情就没有理性，没有理性就没有

---

* 两重连接（double articulation），指言语中不同因素以不同方式连接为不同语词，而不同语词又以不同方式连接为不同句子。语言学中也称之为"双重分节"，既表明语词链分为音节，也表明意义链分为有意义的单元。——译者注

激情"的公理,而且我们的理性应当对影响人类的一切始终保持感性。

又及,爱应当融入感性的理性中。爱是已知最强烈也最美好的主体间关系。人类的爱超越个体间关系,滋养着思想世界,并给真理思想注入活力:没有对真理的爱,真理思想便什么也不是;爱可能是自由唯一的补充,不然自由会变为破坏性。爱应当作为坚不可摧又复杂的关系被引入合理性原则中。爱是构成复杂合理性的一个组成部分。

现实主义与乌托邦

新生人文主义使现实主义与乌托邦的概念变得复杂。

有两种现实主义。第一种现实主义相信真实的现时是稳定的。它忽视现时一直被地下力量作用着,这场景就像黑格尔所谈论的老鼹鼠最终能瓦解一块曾经看上去坚固完整的土地一样。这种现实主义认为其所处的社会和世界的秩序与构造是不可更改的。正如贝尔纳·格罗图伊森(Bernard Groethuysen)在谈及纯粹又简单的适应(现状与既定秩序)的现实主义时曾说的:"成为现实主义者,多么

第三章 改变道路

乌托邦啊！"

真正的现实主义知道现时是一个变化过程中的一个时刻。它尝试发现那些预示转变发生的信号，这些信号在开始时总是很微弱的。于是，20世纪30年代，政治现实主义大致上抓住了费米实验室和约里奥实验室释放出的有关原子能使用可能性的信号。1972年的现实主义重视"梅多斯报告"释放出的有关生态环境恶化的信号，并由此做出推论。2020年的真正的现实主义不是重回之前的表象的正常状态，而是对政治、国家和文明进行改革。

当社会处于转型中，这种平庸的现实主义既不愿也无法考虑对这种转型进行转型。真正的现实主义尝试构想对现时的转变进程加以利用和修改的可能性。真正的现实主义会向政府的现实主义者们提出一些看似乌托邦的想法。真正的现实主义知道不可能的也是有可能的，也知道最重大且最频繁的情况是现实中发生意料之外的事情。于是，便有了卫生健康主权回归的原则，以及违犯那些被视为神圣不可侵犯的预算规则：医院系统在疫情暴发前一整月申请的那些经费支出曾被认为不可能获批，后来却奇迹般地成为现实。曾被宣称不能实现的一切都毫无拖延地实现了。

正如有两种现实主义一样，同样地，也有两种乌托邦。"坏"的乌托邦想要消除所有冲突和所有骚乱，并实现和谐与完美。然而没有什么比完美更致命。"好"的乌托邦在现时是无法实现的，但是它具备实现的技术或可行性，这样，或许能建立一种国际秩序，从而或许能在世间建立各国间的和平；这样，或许能养活这颗星球的所有居民。这正是好的乌托邦，它憧憬对全球化进行一次改革，憧憬摒弃新自由主义，憧憬控制超级资本主义。

乌托邦建立最美好世界的梦想应当让位于希望建立一个更美好世界的憧憬。如同任何一场大型危机、任何一场大规模的集体不幸一样，我们这场全球危机唤醒了建立更美好世界的希望。人文主义应当使这伟大且永恒的人类憧憬重焕新生。不过，即使这种人文主义能发生，它也不会是不可逆转的。没有任何成果是不可逆转的，无论是民主还是人权。没有任何文明的征服是一劳永逸的。凡事不进则退，一切不自我革新者必遭淘汰。同样，真正的现实主义就是不断的革新。托洛茨基（Trotski）信仰不断的革命，我们则应当实践不断的革新。

现实主义的真正艺术是策略性的而非程式化的。行动

第三章　改变道路

生态学①告诉我们，任何行动一旦进入其可能改变的环境，就可能为该环境所改变，偏离目标，甚至可能最终背离初衷。有多少自以为稳操胜券的战争发动者最终不是一败涂地？因此，我们必须高度警惕，确保我们的行动不会受一种极端且致命的反作用影响而背离初衷，避免重蹈"阿拉伯之春"以及那么多"杀戮之春"的覆辙。

现实主义既考虑可能，也考虑不可能，并预见发生无法预见之事的可能性。它包含一种能够根据行动过程中的信息、偶发事件和意外状况进行动态调整的策略。

真正的现实主义超越坏的现实主义并忽略坏的乌托邦。自此，放弃最美好的世界，并不是放弃一个更美好的世界。

人文主义曾经承载着进步思想，也为进步思想所承载。自孔多塞（Condorcet）以来，进步曾被视为人类历史遵从的法则。曾经，理性、民主、科学进步、技术进步、经济进步和道德进步似乎是不可分割的。这一信仰起源于西方，在西方延续，并传播到全世界，尽管 20 世纪的极权主义和世界大战与之背道而驰。1960 年，西方阵营曾承诺建设一

---

① 参阅《方法》第五卷，见前文引。

个和谐的未来,东方阵营(苏联)则承诺建设一个光辉灿烂的未来。20世纪末的前夕,关于这两种未来的信念都已崩塌,取而代之的是不确定与焦虑,因此对进步的信念应当不再沉湎于一个被承诺的未来中去相信,而应当在一个可能的未来里去憧憬。

全球人文主义

新生人文主义本质上是一种全球人文主义。早先的人文主义曾承载着一种潜在的普遍主义。但当时并没有这种具体的全人类之间的已变为命运共同体的相互依存关系,是全球化创造了这种相互依存关系,并使之不断发展。

由于人类之后不仅受到一次次新疫情的威胁,而且还受到生态环境加速恶化、核武器扩散、狂热崇拜的脱缰式发展以及国际化的内战倍增等诸多因素的威胁,所以,人类物种的生命以及与其不可分割的生态环境的生命都成为重中之重、当务之急。

正如我们在引言中已预言的,由新冠病毒引起的这场巨型危机是一场地球生命(生态)危机、一场人道主义危

第三章 改变道路

机突发的征兆，这场巨型危机本身亦即一场现代性的危机，一场技术、经济、工业发展的危机，一场主范式危机，这场主范式危机业已组织起所有力量并迫使它们从今往后脱缰奔跑，奔向万劫不复的深渊。

因此我们应当明白，为了能够幸免于此，继续生存，人类必须蜕变。关于这一点，第二次世界大战刚结束不久，雅斯贝斯（Jaspers）就已经说过。然而如今，新生人文主义还需要找到那些通往蜕变的道路。

当团结与责任还限于一些有限的或封闭的共同体（家庭、祖国）之中，蒙田和孟德斯鸠的人文主义已经赋予其普遍意义。但是这一普遍主义只有与地球命运共同体相结合才得以变为具体。而已经扩展至全球范围的人文主义则要求，团结与责任不仅在现有的那些共同体中不断发挥作用，还要在地球命运共同体中发展壮大。如果说，到处都有一些关于国家团结意识的再度觉醒，那么可以说，还未曾有过一次全球团结意识的觉醒，个别特例（古巴医生、中国对外援助，以及医生和生物学家们克服万难的国际合作）除外。

又及，人文主义应当有意识地承担起贯穿整个人类历史的伟大愿景,更何况那些共同体倾向于令个体感到窒息,而个人主义又倾向于瓦解那些共同体;应当使个人在共同体中身心健康地发展,让"小我"在"大我"的蓬勃发展中身心健康地发展。

地球-家园:地球身份

人类对于地球的意识终于发展到了"地球-家园"的概念阶段:在这里,我们这些微小人类的短暂生命如同微小碎片,围绕着这颗湮没在浩瀚宇宙中的微小星球。然而,这颗星球也是一个世界,即我们的世界。这颗星球既是我们的居所,也是我们的花园。当散布全球的各个社会已变得相互依赖,当人类命运在集体发挥着作用,我们发现我们基因谱系的秘密和地球身份的秘密,这些秘密让我们认识到地球是我们的母亲。

我们再次重申:树立地球命运共同体意识应当作为21世纪的关键大事。这大概是2020年危机释放的最强烈信号。我们在这颗星球上团结与共,并与这颗星球团结与共。我们是地球之子,是人类-生物-物理学意义上的存在。这

第三章　改变道路

就是我们的地球-家园。

完成从人类到全人类的转变，建立地球-家园的新的包容的共同体，实现人类蜕变，这些都是可能发生的人类新历程的诸多方面。当然，诸多危害累积，加之科学、技术和经济不受控制地发展而导致太空竞赛，这些都使得前路充满不确定性。

当然，改变道路可能看上去是不可能的。但是，人类历史经历的所有新道路曾经都是意料之外的，就像那些离经叛道的姑娘最终得以站稳脚跟，并成为历史的趋势和主流。当然，我们如梦游者般被裹挟进一场变化中，在这场变化中我们都好似玩偶。正如帕斯卡尔曾写的："当我们在眼前放了东西阻碍我们看见悬崖后，我们便会无忧无虑地奔入悬崖。"① 但是，如果我们意识到这种梦游状态，并放眼长远，我们就能从囿于此刻此地的状态中挣脱出来。

如此多的转变似乎都同时是必要的，如此多的经济、社会、个人和伦理改革都迫在眉睫，然而一切都在衰退。这个观察结果可能令人绝望。

但是几乎在世界各地，因这场席卷全球的多重危机，

---

① 《思想录》之《开端》(Commencement)，见前文引。

涌现出无数水珠，流淌起无数涓涓细流，如果它们汇聚起来，便或将形成无数潺潺小溪，它们又或将汇聚成条条河流，继而或将汇合成一条滚滚大江。

那正是一股希望源泉，我们能够通过四条希望原则来充盈这股希望源泉。

希望原则

第一条是小概率事件的突发原则。历史告诉我们，这条原则是恒久不变的。我依然记得 1942 年 12 月我们处于怎样的精神状态中。当时正值斯大林格勒会战期间，我 21 岁。纳粹军队控制着整个欧洲，甚至几乎及至俄罗斯的欧洲领土。希特勒甚至已经宣布夺取了斯大林格勒。但是一场完美的破釜沉舟式的绝地反击改写了人类命运。面对逆风，一切皆有可能。

第二条是再生原则。人类自身具有生殖和再生的功能。就像在任何人体组织中都存在一些干细胞，它们具备未被激活的胚胎细胞所特有的多功能性，同样，在任何人、任何人类社会中，都存在一些在休眠或受抑制状态中再生的

第三章　改变道路

功能。这就涉及使这些功能显现出来并发挥作用，就这重含义而言，任何危机都能激发出这些功能。并且，在人类这场全球危机中，一些创造、创新的力量正与一些衰退的、瓦解的力量同时觉醒。

第三条原则已由荷尔德林（Hölderlin）提出："哪里有危险，哪里就有拯救。"最大的机会与最大的风险相伴相随。

第四条原则是人类对另一种生活与另一种世界的千年愿景，对此不同思想流派有不同的阐释：各种宗教所描绘的天堂，从托马斯·莫尔到傅立叶所追求的乌托邦，极端自由主义、社会主义、共产主义所创建的思想体系，别忘了还有1968年法国青年们在"五月风暴"期间所表达的憧憬。这一千年愿景在我们如今见证的那些层出不穷又四散分布的倡议中复兴重生，这些倡议将滋养一条条改革的道路，并最终汇归于一条"道路"。

希望不等同于确定性，它还包含对危险和威胁的意识，但它也促使我们选择立场，并为之赌上一把。

结语

作为人文主义者，不仅认为我们是这命运共同体中的一分子，我们都是芸芸众生且各有不同，不仅想着趋利避害，憧憬更美好的世界，而且每个人还从内心最深处感受到，我们每个人的一生其实都是短暂的一瞬，都是一段宏大历程中的一个微小片段；我们每个人在继续生命历程的同时，也影响着始于700万年前的人类形成与转变的历程，在这一历程中，诸多种群更迭变换，直至智人出现。在克罗马农人时期，并从其绚丽的岩画来看，克罗马农人已经

结语

具有和后世的达·芬奇、帕斯卡尔、爱因斯坦以及所有伟大艺术家、哲学家甚至罪犯同样的大脑，这是一个领先其才智的大脑；如今依然，我们的大脑可能具备一些我们尚无法使用的能力。

人类的首次全球化曾是文化散布与多样化的全球化，狩猎-采集者聚居构成的无数小型社会散布全球。在这些微型社会基础上，在世界不同地方出现了一些历史社会，即古代文明——苏美尔、古印度、中国、印加、阿兹特克。这段历史伴随着无数荣光、罪恶、奴役，这段历史中走过众多起先统霸一方继而没落消亡的帝国，这段历史本身就是一段充满创造与毁灭、苦难与成就的浩瀚历程。曾经看似坚若磐石、固若金汤的罗马帝国已经土崩瓦解，并已成为后世深思的一个课题。然后，在经历了一场巨大的文明兴衰之后，在欧洲一角，冲出了一群侵略墨西哥、秘鲁的西班牙殖民主义征服者，继而，西班牙、葡萄牙、法国，接着尤其是英国，这几个小国开始主宰世界；最后，我们看到了20世纪末那些震动人心的事件：去殖民化、苏联解体，及至21世纪初中国势不可挡的再次飞跃。我们正亲历这场难以想象的历程，与之相伴，科学发展的可能性既是最令人赞叹的,也是最令人恐惧的。因此,人文主义在我看来,不仅是感受人类的和谐融洽、人类的团结性,而且是觉知我们身处这段未曾经历过且难以想象的历程,并希望其朝着一场蜕变的方向行进。由此蜕变中或将诞生一个新的未来。

每个人都既是个体,也是主体。换言之,每个人对于他自己而言,几乎是全部;而对于宇宙来说,几乎是零,是人类圈中微小又弱小的片段。但是某种类似本能的东西把我主观性中最内里的东西插进这个人类圈,换言之,把我与人类命运联系在一起。

在这段未曾经历过的历程中,每个人都和其他70亿人一起构成一个伟大存在的一部分,就如同一个细胞在数万亿细胞中构成一个人体的一部分,一个人体内的细胞数量是世间人类数量的上千倍。

每个人都是这段闻所未闻的历程的一部分,这段历程又处于宇宙这段令人惊叹的历程中。这段历程自身有其无知、未知、神秘,有其理性中的疯狂,也有其疯狂中的理性,还有其有意识中的无意识,而每个人自身也承载着这段历程的无知、未知、神秘、疯狂与理性。我们参与到这

结语

段由梦想、痛苦、愉悦与不确定性紧密交织而成的深奥难测、尚未完成、未曾经历过的历程中,我们承载着它,正如它承载着我们。

我们知道,在宇宙的历程中,人类以一种新的方式在一方是团结(厄洛斯*),一方是对抗(波勒摩斯**)与摧毁(塔纳托斯***)的错综复杂的关系中,既是主体,也是客体。厄洛斯自身也充满不确定性,因为他也可能盲目,也可能错辨是非,因此,他需要智识,更多的智识,一如他需要爱,更多的爱。

---

* Éros,古希腊神话中的小爱神。——译者注
** Polémos,古希腊神话中的会战之神。——译者注
*** Thanatos,古希腊神话中的死神。——译者注

致谢

我们谨向多萝泰·居内奥（Dorothée Cunéo）在本书撰写全程中给予的密切合作致以衷心的感谢。

Originally published in France as:

Changeons de voie: Les leçons du coronavirus by Edgar Morin, in collaboration with Sabah Abouessalam

© Éditions Denoël, 2020

CURRENT CHINESE TRANSLATION RIGHTS ARRANGED THROUGH DIVAS INTERNATIONAL, PARIS 巴黎迪法国际版权代理（www. divas-books. com）

Simplified Chinese edition © 2024 by China Renmin University Press.

All Rights Reserved.

图书在版编目（CIP）数据

改变我们的道路：大疫后的人类及其世界 /（法）埃德加·莫兰（Edgar Morin），（摩洛哥）萨巴·阿布萨拉曼（Sabah Abouessalam）著；朱晔译. -- 北京：中国人民大学出版社，2024.8. -- ISBN 978-7-300-32620-7

Ⅰ. D569

中国国家版本馆 CIP 数据核字第 2024761Y9C 号

改变我们的道路
——大疫后的人类及其世界
[法]埃德加·莫兰（Edgar Morin）
[摩洛哥]萨巴·阿布萨拉曼（Sabah Abouessalam） 著
朱晔 译
Gaibian Women de Daolu

出版发行	中国人民大学出版社		
社　　址	北京中关村大街 31 号	邮政编码	100080
电　　话	010-62511242（总编室）	010-62511770（质管部）	
	010-82501766（邮购部）	010-62514148（门市部）	
	010-62515195（发行公司）	010-62515275（盗版举报）	
网　　址	http://www.crup.com.cn		
经　　销	新华书店		
印　　刷	北京联兴盛业印刷股份有限公司		
开　　本	890 mm×1240 mm　1/32	版　次	2024 年 8 月第 1 版
印　　张	4.5 插页 4	印　次	2024 年 8 月第 1 次印刷
字　　数	63 000	定　价	68.00 元

版权所有　侵权必究　　印装差错　负责调换